비즈니스 영어

회화 훈련
워크북

이지윤 지음

길벗
이지:톡

비즈니스 영어회화 워크북 활용법

자투리 시간에 가볍게 들고 다니면서 공부할 수 있는 훈련용 소책자입니다. 출퇴근할 때, 누군가를 기다릴 때 등 자투리 시간을 적극 활용해 보세요. mp3파일을 들으면서 주어진 우리말을 영어로 말해 보세요. 표현이 쌓일수록 영어회화 자신감도 여러분의 것이 됩니다!

이렇게 활용하세요!

첫째 마당의 핵심표현들을 담았습니다. 하루에 한 Unit씩 5분 내외의 시간이면 학습할 수 있는 부담 없는 분량입니다. 워크북을 공부할 때도 꼭 mp3파일을 들으면서 공부하세요!

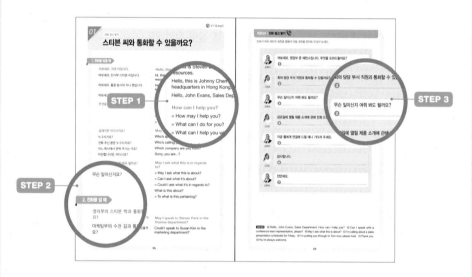

STEP 1   mp3파일과 함께 표현 익히기

mp3파일을 들으면서 워크북에 정리된 표현들을 큰 소리로 따라 해 봅니다. 눈으로만 공부하지 말고 귀로 듣고 입으로 말해 보아야 표현이 확실하게 기억됩니다.

STEP 2   제시된 우리말을 영어로 바꿔 말하기

영어 부분을 가리고 제시된 우리말을 영어로 바꿔 말해 보세요. 우리말 표현을 보고 1초의 고민도 없이 문장이 딱 떠오를 때까지 반복하세요. 혹시 이해가 되지 않는 부분이 있다면 『비즈니스 영어회화 무작정 따라하기』의 해당 Unit을 찾아 다시 한 번 읽어 보세요.

STEP 3   비즈니스 영어회화 미션에 도전하기

매 Unit의 표현 학습이 끝나면 이번에는 실전 회화 미션에 도전할 차례입니다. 제시된 우리말을 보고 앞에서 배운 패턴과 표현을 활용해 실제 대화처럼 영어로 말해 보면서 회화 실력을 키워 나가세요.

비즈니스 영어회화 미션 25

전화 영어

회의 영어

계약 · 협상 영어

01

전화 걸고 받기

스티븐 씨와 통화할 수 있을까요?

1. 전화를 받을 때

여보세요, 자넷 리입니다.	Hello, this is Janet Lee speaking.
여보세요, 인사부 스티븐 리입니다.	Hi, this is Steven Lee in human resources.
여보세요. 홍콩 본사의 자니 첸입니다.	Hello, this is Johnny Chen from headquarters in Hong Kong.
여보세요, 영업부 존 에반스입니다.	Hello, John Evans, Sales Department.
무엇을 도와드릴까요?	How can I help you?
	= How may I help you?
	= What can I do for you?
	= What can I help you with today?
실례지만 어디시지요?	May I ask who's calling, please?
누구시지요?	Who's speaking, please?
전화 주신 분은 누구시지요?	Who's calling, please?
어느 회사에서 연락 주시는 거죠?	Which company are you from?
미안합니다만, 어디시죠?	Sorry, you are...?
무슨 일이신지 여쭤 봐도 될까요?	May I ask what this is in regards to?
	= May I ask what this is about?
	= Can I ask what it's about?
	= Could I ask what it's in regards to?
무슨 일이신지요?	What is this about?
	= To what is this pertaining?

2. 전화를 걸 때

경리부의 스티븐 박과 통화할 수 있을까요?	May I speak to Steven Park in the finance department?
마케팅부의 수잔 김과 통화할 수 있을까요?	Could I speak to Susan Kim in the marketing department?

존 에반스 좀 바꿔 주시겠어요?	Could I speak with John Evans, please?
스티븐 있나요?	Is Steven there? = Is Steven in?
실례합니다만, 방금 전화했던 사람입니다.	Excuse me, this is the person who was just on the phone.
방금 전에 통화했었는데요.	I was just on the phone with you.
조금 전에 전화 드렸었는데요.	I just called a minute ago.
통화하려고 여러 번 전화했었어요.	I've tried to get in touch with you several times.
그분 소개로 전화 드려요.	He referred me to you.
미스터 임을 대신해서 전화 드립니다.	I'm calling on behalf of Mr. Lim.
당신의 서울 방문에 관하여 전화 드렸습니다.	I am calling about your visit to Seoul.
지난주에 논의했던 합작 투자에 대해 전화 드렸습니다.	I am calling about the joint venture we discussed last week.
요청하셨던 추천서에 관하여 전화 드렸습니다.	I am calling about the recommendation letter you asked for.
문의하신 것에 관하여 전화 드렸습니다.	I am calling about your inquiry.
금요일에 열릴 제품 소개에 관해 전화 드렸습니다.	I am calling about a sales presentation scheduled for Friday.
전화 회의 일정에 관한 것입니다.	It's about the teleconference schedule.

3. 전화를 연결할 때

전화를 연결해 드리겠습니다. 끊지 말고 기다려 주세요.	I will transfer your call to him. Please stay on the line.
전화를 연결해 드릴 테니 잠깐만요.	One moment while I transfer your call.
전화를 연결해 드릴 테니 끊지 마세요.	Please hold while I transfer you.
연결해 드리는 동안 전화를 끊지 말아주시겠어요?	Can you please hold while I transfer your call?
끊지 마시고 기다려 주세요. 미스터 리 자리로 전화를 연결해 드리겠습니다.	Please stay on the line and I will transfer you to Mr. Lee's desk.
전화를 연결해 드리니 기다려주세요.	I'm putting you through now, please hold.

죄송합니다만, 지금 자리에 안 계십니다.	I'm sorry, he's not available right now.
	= I'm sorry, he's not at his desk right now.
	= I'm sorry, he's not in the office right now.
죄송합니다만, 이번 주에는 회사에 안 계십니다.	Sorry, she's away from the office this week.
죄송합니다만, 회의 중이십니다.	I'm sorry, she's in a meeting.
죄송합니다만, 막 나가셨습니다.	Sorry, you just missed her.
죄송합니다만, 출장차 밀라노에 가셨습니다.	I'm sorry, he is in Milan on business.

앞에서 배운 패턴과 표현을 활용해 다음 대화를 영어로 완성해 보세요.

John
여보세요. 영업부 존 에반스입니다. 무엇을 도와드릴까요?

① _____

Lisa
회의 담당 부서 직원과 통화할 수 있을까요?

② _____

John
무슨 일이신지 여쭤 봐도 될까요?

③ _____

Lisa
금요일에 열릴 제품 소개에 관해 전화 드렸습니다.

④ _____

John
지금 톰에게 연결해 드릴 테니 기다려 주세요.

⑤ _____

Lisa
감사합니다.

⑥ _____

John
천만에요.

⑦ _____

모범 영작 ① Hello, John Evans, Sales Department. How can I help you? ② Can I speak with a conference team representative, please? ③ May I ask what this is about? ④ I'm calling about a sales presentation scheduled for Friday. ⑤ I'm putting you through to Tom now, please hold. ⑥ Thank you. ⑦ You're always welcome.

02

메시지 남기기

제가 전화했다고 전해 주시겠어요?

1. 자리에 없다고 말할 때

점심 식사 하러 잠깐 나가셨어요.

She just stepped out for lunch.

= She is out for lunch.

회의 하러 잠깐 나가셨습니다.

He just stepped out for a meeting.

지금 회의 중이십니다.

He is at the meeting now.

업무차 자리를 비우셨어요.

He is away on business.

출장 중이십니다.

She is on a business trip.

한 시간 후에 돌아올 겁니다.

He will be back in an hour.

한 시간쯤 후에 오실 겁니다.

He will be back in an hour or so.

곧 돌아오실 겁니다.

He will be back soon.

오늘 하루 종일 외근이십니다.

She is out of the office all day today.

2. 메시지를 남길 때

메시지를 남길 수 있을까요?

May I leave a message for her?

메시지를 남길 수 있을까요?

Could I leave a message?

제가 전화했다고 전해 주시겠어요?

Would you tell him I called?

저한테 전화 좀 해달라고 해주시겠어요?

Could you please ask him to call me back?

메시지 남기시겠어요?

May I take a message?

= Can I take a message, please?

= Would you like to leave a message?

돌아오시는 대로 메시지 전해 드리겠습니다.

I'll make sure she gets the message as soon as she gets here.

메시지 남겨주시면 사무실에 돌아오시는 대로 즉시 전해 드리겠습니다.

If you'd like to leave a message, I'll make sure he gets it as soon as he's back in the office.

제가 5분 후에 다시 전화하겠다고 전해 주시겠어요?

Can you tell him that I'll call him back in five minutes?

5분 후에 다시 전화 드리지요.

I will call him back in five minutes.

그럼 다시 전화 드리겠습니다.

I will call her back then.

혹시 그에게 전화가 오면, 제게 전화 좀 하라고 해 주시겠어요?	If he happens to call you, would you have him phone me?
오달수입니다. 이름은 철자가 D-A-L-S-U이고, L과 S 사이에 하이픈이 들어가요. 그리고 제 성은 철자가 O-H예요.	It's Dal-su Oh. My first name is spelled D-A-L-S-U. And there is a hyphen between the L and S. And my last name is spelled O-H.
제 이름은 지나입니다. girl의 G랑 i, 그런 다음 한 칸 띄우고 대문자 N, 소문자 a죠.	My name is Gi Na. "G" as in girl, "i," then leave a space, now capital "N," and lower case "a."
제 이메일 주소는 tslim@hongkongsecurities.co.kr입니다.	My e-mail address is "T," "S," lim at Hong Kong Securities dot "C," "O" dot "K," "R."
제 전화번호는 지역번호 918-557-0100입니다.	My number is area code nine one eight, five five seven, oh one oh oh.

3. 메시지 내용을 확인할 때

잠시만요. 성함이 어떻게 되신다고 했죠?	Hold on a minute. What was your name again?
성함의 철자가 어떻게 되나요?	How do you spell your name?
철자를 불러주시겠어요?	Could you spell that for me, please?
성함의 철자가 B, A, K인가요?	Is your name spelled B-A-K?
다시 확인하겠습니다. 이자영 님, 연락처는 918-557-0100번 맞으시죠?	Let me just confirm it. That's Jayeong Lee at nine one eight, five five seven, oh one oh oh?
네, 디스카운트 항공사의 데이빗 첸이시군요.	Okay, that's David Chen with Discount Airlines Incorporated.
네, 받은 정보가 모두 맞는지 확인하겠습니다. 김상우 씨고, 이메일 주소는 sangwoo.kim@AAAlife.com 맞죠?	Okay, let me make sure I have all your information correct. You are Sangwoo Kim, and your e-mail address is sangwoo dot kim at "A," "A," "A" life dot com?
죄송합니다만, 마지막 문장을 다시 말씀해 주시겠습니까?	I'm sorry, could you repeat that last sentence for me again?
죄송합니다만, 성함을 못 알아들었어요.	I'm sorry, I didn't catch your name.
어디서 전화 주시는 거라고 하셨지요?	Where did you say you were calling from?
죄송합니다만, 어느 분과 통화하고 싶다고요?	Excuse me, but with whom do you wish to speak?

앞에서 배운 패턴과 표현을 활용해 다음 대화를 영어로 완성해 보세요.

James: 안녕하세요? 안영희 씨와 통화할 수 있을까요?
❶ _____

Anna: 점심 식사 하러 잠깐 나가셨어요. 한 시간 후에 돌아오십니다.
❷ _____

James: 메시지를 남길 수 있을까요?
❸ _____

Anna: 네, 그러시죠.
❹ _____

James: 제가 견적서를 이메일로 보냈다고 전해 주시겠어요?
❺ _____

Anna: 잠시만요. 성함이 어떻게 되신다고 했죠?
❻ _____

James: 저는 델타 로지스틱스의 제임스 왓트입니다.
❼ _____

Anna: 감사합니다. 메시지 전해 드릴게요.
❽ _____

모범 영작 ❶ Hello. May I speak to Ms. Young-hi Ahn? ❷ She just stepped out for lunch. She will be back in an hour. ❸ May I leave a message for her? ❹ Sure, go ahead. ❺ Can you tell her that I emailed her the quotation? ❻ Hold on a minute. What was your name again? ❼ This is James Watt from Delta Logistics. ❽ Thanks. I will tell her your message.

03

전화로 약속 잡기

부장님과 약속을 잡고 싶은데요.

1. 약속을 정할 때

부장님과 회의를 잡을 수 있을까요?	Could I set up a meeting with the General Manager?
가능하다면 영업부 직원과 약속을 잡고 싶은데요.	I'd like to arrange a meeting with the sales staff if possible.
가능한 빨리 전 직원과 회의를 잡고 싶은데요.	I need to request a meeting with all personnel as soon as possible.
만날 약속을 정할까요?	Shall we make an appointment to meet?
그렇지 않아도 회의 때문에 연락을 드리려던 참이었어요.	As a matter of fact, I was about to get in touch with you about the meeting.
사실, 이번 주에 시간이 되시는지 궁금해서요.	Actually, I was wondering if you would be free anytime this week.
실은 이 건은 먼저 만나 뵙고 논의하고 싶었습니다.	As a matter of fact, I wanted to discuss the matter in person with you first.
언제가 가장 좋으세요?	What is the most convenient time for you?
오전이 좋으세요, 오후가 좋으세요?	Do you prefer mornings or afternoons?
몇 시가 좋으세요?	What's a good time for you?
다음 주 가능하시겠어요?	Would next week be possible?
그쪽이 편하신 시간으로 잡지요.	Let's set up a time at your convenience.
죄송한데 그때는 바빠요.	I'm sorry, I'm busy then.
월요일엔 안 돼요.	I can't make it on Monday.
다음 주는 안 돼요. 외근이 있어서요. 그 다음 주는 어떠세요?	Next week is no good; I'll be out of the office. How about the following week?
일단 정하지 말고, 제 스케줄 좀 알아본 후 연락 드려도 될까요?	Can we leave it open, and I'll contact you when I figure out my schedule?

13

우리 회의 일정을 확인하려고 전화 드렸습니다.	I'm calling to reconfirm our meeting schedule.
회의 날짜를 재확인하려고 전화 드렸습니다.	I'm calling to reconfirm the conference date.
일정에 변경이 없으신지 확인차 전화 드렸습니다.	I'm calling to check whether there is any change in your schedule.
9월 20일 회의를 상기시켜 드리려고 전화 드렸습니다.	I'm calling to remind you of our meeting on September 20th.
우리 회의 잊지 않으셨지요?	You haven't forgotten about our meeting, have you?
확인해 드리지요. 우리 회의는 12월 18일 오후 1시로 잡혀 있어요. 맞지요?	Let me just confirm that; our meeting is scheduled for December 18th at 1 p.m., right?
좋아요, 그럼 다음 주 금요일에 봅시다.	Good, so I'll see you next week on Friday, then.
좋아요, 그럼 다음 주 월요일 3시로 정한 거죠?	Okay, so everything is set for next Monday at 3 o'clock?

제 약속을 3시로 변경해도 될까요?	Could you change my appointment to 3 o'clock?
좀 더 일찍 만날 수 있을까요? 한 2시쯤으로요.	Can we meet a little earlier? Say at about 2 p.m.
오늘 오후로 미뤄도 될까요?	Can we put it off until this afternoon?
우리 18일 약속을 변경해야겠어요.	We're going to have to change our appointment on the 18th.
죄송합니다만 월요일은 안 되겠네요. 화요일 괜찮으실까요?	I'm afraid I can't make it on Monday. Would Tuesday be okay?
죄송합니다만 시간이 좀 더 걸리겠는데요.	I'm afraid it will take a bit more time.
죄송합니다만, 오늘은 직접 방문할 수 없을 것 같네요.	I'm sorry, but I can't visit you in person today.
죄송해요. 일이 생겨서 우리 미팅 일정을 다시 잡아야겠어요.	I'm sorry, something has come up, and I'm going to have to reschedule our meeting.

다시 한 번 불편을 끼쳐 드려 죄송합니다.

Once again, I'm sorry for the inconvenience.

이렇게 귀찮게 해 드려 죄송합니다.

I'm sorry for having to bother you like this.

이번 스케줄 변경으로 불편을 끼쳐 드려 죄송합니다.

I apologize for any inconvenience created by this schedule change.

이해해 주시길 바랍니다.

I hope you understand.

앞에서 배운 패턴과 표현을 활용해 다음 대화를 영어로 완성해 보세요.

John
약속을 잡고 싶은데요.
① ....

Lisa
그렇지 않아도 회의 때문에 연락을 드리려던 참이었어요.
② ....

John
언제가 가장 좋으세요?
③ ....

Lisa
일단 정하지 말고, 제 스케줄 좀 알아본 후 연락 드려도 될까요?
④ ....

John
우리 회의 일정을 확인하려고 전화 드렸습니다.
⑤ ....

Lisa
확인해 드리지요. 우리 회의는 12월 18일 오후 1시로 잡혀 있어요.
⑥ ....

John
좀 더 일찍 만날 수 있을까요? 한 오전 11시쯤으로요.
⑦ ....

Lisa
죄송합니다만, 저는 오후 1시 이후에만 시간이 돼요.
⑧ ....

모범 영작 ① Could I set up a meeting with you? ② As a matter of fact, I was about to get in touch with you about the meeting. ③ What is the most convenient time for you? ④ Can we leave it open, and I'll contact you when I figure out my schedule? ⑤ I'm calling to reconfirm our meeting schedule. ⑥ Let me just confirm that; our meeting is scheduled for December 18th at 1 p.m. ⑦ Can we meet a little earlier? Say at about 11 a.m. ⑧ I'm sorry, but I am only available after 1 p.m.

04 전화 관련 문제 해결하기
죄송합니다. 전화를 잘못 걸었네요.

1. 전화를 잘못 걸었을 때

죄송합니다. 잘못 걸었네요.

Sorry, wrong number.

미안합니다. 제가 잘못 건 것 같은데요. 447-5523번 맞습니까?

I'm sorry. I seem to have reached the wrong number. Is this 447-5523?

죄송합니다만, 저는 그 업무 담당자가 아닙니다.

Sorry, but I'm not the person in charge of that.

산드라 블록이라는 사람은 없는데요.

There's no such person called Sandra Block.

죄송합니다만 '존'이란 분이 너무 많아서요. 그 분의 성을 아시나요?

I'm sorry, but there are too many Johns. Do you know his last name?

2. 통화 가능한지 묻고 답할 때

지금 통화 괜찮으세요?

Is this a good time to call?

언제가 통화하기 좋으세요?

When is a good time for you?

통화하기 괜찮은 시간인지 모르겠네요.

I was wondering if this is the right time to call.

제가 방해가 된 건 아닌지요?

Am I interrupting anything?

다음에 다시 전화 드릴까요?

Should I call you back at another time?

지금 좀 바쁩니다.

We're quite busy here.

지금은 통화가 어려워요.

I can't really talk right now.

간단히 말씀해 주세요.

Please try to keep it short.

전화상으로 설명하기 어렵네요. 세부사항을 이메일로 보낼게요.

It's hard to explain it over the telephone. I will email the details to you.

제가 다시 전화 드려도 될까요?

Can I call you back?

제가 바로 전화 드려도 될까요? 지금 통화 중이어서요.

Can I call you right back? I'm on another line.

다음 주에 다시 전화 드려도 될까요?

Is it okay if I call you back next week?

통화 한 번 하기 정말 어렵네요.	It's so hard to get a hold of you.
어제 계속 전화 드렸어요.	I tried to get a hold of you yesterday.
왜 이렇게 전화를 늦게 받아요?	What took you so long?
왜 그렇게 오래 통화 중이었어요?	Why was your line busy for such a long time?

크게 말씀해 주시겠어요?	Would you speak up, please?
여보세요? 좀 더 크게 말씀해 주시겠어요?	Hello? Would you speak a little louder?
들리세요?	Can you hear me?
지금은 잘 들립니까?	Can you hear me better now?
좀 천천히 말씀해 주실래요?	Could you slow down a bit?
다시 한 번 말씀해 주시겠어요?	Would you repeat that once more, please?

잘 안 들려요.	I can't hear you well.
주변이 시끄러워서 잘 안 들려요.	I can't hear because of the loud background noise.
여전히 잘 안 들리네요.	Well, it's still not clear.
연결 상태가 너무 안 좋네요.	The connection is pretty bad.
잘 들려요.	You are coming in all right.

혼선이 되었나 봐요.	There's interference on the line.
잡음이 너무 심해요.	There's too much static.
들렸다 안 들렸다 해요.	You are breaking up.
다른 사람 목소리도 들려요.	I hear someone else talking on the same line.
제 전화기가 제대로 작동하지 않네요.	My phone is not working properly.

끊고 다시 걸어 주시겠어요?	Would you please hang up and call me back?
끊으시면 제가 다시 전화 드릴게요.	Please hang up, and I'll call you back.
전화가 끊어지면 어느 번호로 통화 가능하세요?	What number can you be reached at in case we are disconnected?

앞에서 배운 패턴과 표현을 활용해 다음 대화를 영어로 완성해 보세요.

Anna 여보세요? 미안한데 잘 안 들려요. 좀 더 크게 말씀해 주시겠어요?
❶

James 미안합니다. 잘못 걸은 것 같네요. 447-5523번 맞습니까?
❷

Anna 네. 맞습니다만, 잡음이 너무 심하네요.
❸

James 끊으시면 제가 다시 전화 드릴게요.
❹

James 안녕하세요, Anna 씨? 지금 통화 괜찮으세요?
❺

Anna 지금은 통화가 어려워요.
❻

James 다음에 다시 전화 드릴까요?
❼

Anna 네. 오후 4시 이후에 전화 주세요.
❽

모범 영작 ❶ Hello? I am sorry, but I can't hear you well. Would you speak a little louder? ❷ I'm sorry, I seem to have reached the wrong number. Is this 447-5523? ❸ Yes, it is. But there's too much static. ❹ Please hang up, and I'll call you back. ❺ Hello, Anna. Is this a good time to call? ❻ I can't really talk right now. ❼ Should I call you back at another time? ❽ Sure. Please call me after 4 p.m.

05

전화로 불만사항 알리기

배송에 오류가 있었던 것 같아요.

1. 문제를 제기할 때

여보세요, 저를 도와주실 수 있는 분과 통화하고 싶은데요.

Hello, I need to speak with someone that can help me.

= Hello, I'm having a problem that I hope you can help me with.

여보세요. 정식 항의를 하고자 합니다.

Hello, I need to make a formal complaint.

안녕하세요. 지난주에 받은 배송품이 제대로 안 되어 있는 것을 알려 드리려고 전화 드립니다.

Hello, I'm calling to report an incomplete delivery I received last week.

안녕하세요. 귀사의 지점 중 한 곳에서 불만족스러운 서비스를 받아 불만사항을 전하려고 전화했습니다.

Hi, I'm calling to complain about the unsatisfactory service I had at one of your branches.

안녕하세요. 주문 번호 33821에 관해 전화 드렸습니다. 주문한 물건이 다 오지 않은 것 같아서요.

Hi, I'm calling in regards to order number 33821. It seems that we didn't receive everything in the order.

안녕하세요. 번거롭게 해드려 죄송하지만, 지난달에 물품을 주문했는데 아직 아무것도 받지 못했어요.

Hi, I'm sorry to bother you, but last month we ordered some supplies and we still haven't received anything.

유감스럽게도 귀하로부터 아직 지불을 받지 못했다는 것을 알려 드립니다.

I regret to inform you that we still have not received your payment.

유감스럽게도 배송에 오류가 있었다는 것을 알려 드립니다.

I regret to inform you that there was a mistake in the shipment.

죄송합니다만, 이 용품이 광고처럼 작동하지 않습니다.

I'm sorry, but the equipment just doesn't work as advertised.

죄송합니다만, 세부사항이 우리가 합의한 것과 다릅니다.

I apologize, but the specifications are not what we agreed upon.

2. 급한 사항을 전할 때

고객서비스 담당 직원과 지금 바로 통화하고 싶은데요.

I need to speak to a customer service representative immediately.

급한 일이 있어서 미스터 김과 즉시 통화해야 합니다.

I have an urgent matter and need to speak to Mr. Kim right away.

죄송합니다만, 급한 사항입니다. 엔지니어
와 즉시 통화하게 해 주세요.

I'm sorry, but this is an emergency.
Get me an engineer this minute.

즉시 해결해야 할 중대한 문제가 있습니다.

We have a serious problem here that
requires immediate attention.

3. 불만사항을 상세히 물을 때

무슨 일인지 말해 주시겠어요?

Could you tell me what happened?

정확히 무슨 문제이시죠?

What exactly is the problem?

고객님 주문번호로 확인해 드리지요.

Let me check your order with your
order number.

저희 서비스가 불만족스러우셨다니 무척
죄송합니다. 정식으로 불만 처리를 해드릴
까요?

I'm very sorry that you are dissatisfied
with our services. Can I document an
official complaint?

4. 해결방안을 제시할 때

미스터 김에게 직접 연결해 드릴까요?

May I contact Mr. Kim for you
directly?

저희가 몇 가지 조사를 해 보고 다시 연락
드려도 될까요?

Can we do some investigating and
get back to you?

불만사항을 제가 직접 처리해 드리고 싶네
요.

I'd like to handle your complaint
personally.

해결방안을 제안해 드려도 될까요?

Can I offer a solution?

이렇게 하시죠. 새로운 프린터를 내일 바로
보내드릴 수 있습니다.

I'll tell you that we can send you a
brand new printer tomorrow.

제안하신 대로 서류를 수정해서 가능한 한
빨리 다시 보내드리겠습니다.

I will fix the document per your
suggestions and resend it to you as
soon as possible.

내일 아침 제일 먼저 그 문제를 알아보도록
팀을 보내겠습니다.

I'll send a team to assess the problem
first thing tomorrow morning.

5. 제안을 승낙하거나 거절할 때

그거 좋군요.

That sounds good.

좋습니다. 거기에 대해 합의할 수 있을 것
같아요.

Okay, I think we can agree on that.

네, 그렇게 하면 문제가 해결되겠군요.

Yes, I think that would solve the
problem.

죄송합니다만, 그걸로 안 되겠습니다.

I'm sorry, but that just won't do.

미안합니다만, 그걸로는 문제가 해결되지 않습니다.

Sorry, but that will not fix the problem.

죄송합니다만, 기다릴 수가 없습니다. 지금 수리를 받아야 해요.

I'm sorry, but it can't wait. We need this fixed now.

앞에서 배운 패턴과 표현을 활용해 다음 대화를 영어로 완성해 보세요.

John
여보세요, 저를 도와주실 수 있는 분과 통화하고 싶은데요.
❶ ....

Anna
어떻게 도와드릴까요?
❷ ....

John
주문번호 33821에 관해 전화 드렸는데요.
❸ ....

주문한 물건이 다 오지 않은 것 같습니다.
❹ ....

Anna
고객님 주문번호로 확인해 드릴게요.
❺ ....

John
어떻게 된 일인지 말해 주시겠어요?
❻ ....

Anna
유감스럽게도 배송에 오류가 있었던 것 같습니다.
❼ ....

John
기다릴 수가 없어요. 그 부품들이 최대한 빨리 필요해요.
❽ ....

Anna
내일 아침에 특급 배송으로 나머지 물품을 보내드리겠습니다.
❾ ....

모범 영작 ❶ Hello, I need to speak with someone that can help me. ❷ How may I help you? ❸ I'm calling in regards to order number 33821. ❹ It seems that we didn't receive everything in the order. ❺ Let me check your order with your order number. ❻ Could you tell me what happened? ❼ I regret to inform you that there was a mistake in the shipment. ❽ It can't wait. I need the parts ASAP. ❾ We will send the remaining products tomorrow morning via express delivery.

06

회의 시작하기

회의에 참석해 주셔서 감사드립니다.

1. 환영인사를 할 때

모두 환영합니다.

모두 환영합니다. 앉으시죠.

오늘 이 회의에 처음 오신 분이 다섯 분 계십니다. 그분들도 환영해 주시죠.

따뜻한 환영의 말씀을 드리면서 시작하겠습니다.

방문해 주셔서 감사드립니다.

이 회의에 참가해 주신 모든 분들께 감사의 마음을 전합니다.

오늘 긴급회의에 참석해 주셔서 감사합니다.

시간 내서 참석해 주셔서 감사합니다. 서로 인사를 나누면서 시작합시다.

Welcome all.

Welcome everyone. Please have a seat.

We have five newcomers attending this meeting today. Please welcome them as well.

Let me start with the warmest greetings to you.

We appreciate your visit.

I would like to thank you all for attending this meeting.

Thank you for attending today's emergency meeting.

Thank you for taking the time to be here. Let us start by saying hello to each other.

2. 자기소개 하고 회의를 시작할 때

저를 처음 본 분들이 계실 텐데, 저는 아이씨유 주식회사의 CEO 데이빗 김이라고 합니다.

구체적으로 들어가기 전에 제 소개를 하겠습니다.

이 자리에 계신 분들 대부분이 저를 알고 계시기 때문에 제 소개를 간략하게 하도록 하겠습니다.

제 이름은 케네스 리입니다. 오늘 회의의 진행을 맡게 되어 무척 기쁘게 생각합니다.

처음 만나는 자리이니, 자기소개를 하면서 시작합시다.

For those of you who have never met me, my name is David Kim. I am the CEO of ICU Inc.

Let me introduce myself before we go any further.

As most of you here already know me, I'll be briefly introducing myself.

My name is Kenneth Lee. I'm excited to preside over this meeting today.

Since this is our first gathering, let us start by introducing ourselves.

올해의 첫 번째 총회입니다.

This is our first general meeting of the year.

자, 회의를 시작합시다.

Okay, everyone! Let us begin this meeting.

그럼 회의를 시작해 봅시다.

Let us get the ball rolling and start the meeting.

저희 회사에 대해 알게 되는 좋은 기회가 될 것이라고 확신합니다.

I'm sure it will be a good chance to get to know about our company.

3. 일정 및 공지사항을 안내할 때

여러분 모두 앞에 안건이 있습니다. 지금 그것을 상세히 살펴보셨으면 합니다.

You all have the agenda in front of you. I would like you all to look at that carefully right now.

안건이 여러분의 회의 자료집에 들어 있습니다.

A copy of the agenda is included in your meeting information package.

여러분 앞에 있는 소책자의 1페이지를 펴시면, 회의 안건이 보이실 겁니다.

If you open your booklet that is in front of you to the first page, you will be able to see the agenda for the meeting.

의사일정을 엄격히 따를 것이므로 시간을 잘 지켜주시기 바랍니다.

We will be sticking to the agenda strictly, so please be on time.

앞에 보이는 시간계획표대로 정확히 진행될 것이라는 점을 유의해 주십시오.

Please take note that we will be strictly adhering to the time schedule as seen in front of you.

시간계획표에서 벗어나는 일은 없을 것이니 시간을 잘 지켜주시기 바랍니다.

There will be no deviation from the time schedule, so please be punctual.

두 시간짜리 세션이 2개 있고, 첫 번째 세션 후 점심시간 한 시간이 있겠습니다.

There will be two 2-hour sessions with an hour lunch break after the first session.

의사일정은 다음과 같이 전개됩니다: 발표자 당 두 시간의 토론이 있고 중간에 점심시간이 한 시간 있겠습니다.

The agenda is laid out as follows: two 2-hour discussions per speaker and an hour lunch break in between.

의사일정의 초반에 제가 서론을 말씀드리고, 이어 조넥스 사 최고경영자께서 두 시간 동안 진행하며, 그리고 점심 식사를 한 후, M&A 전문가가 또 두 2시간 동안 진행합니다.

First on the agenda is my introduction, followed by the CEO of Zonex for two hours, then lunch, and then the M&A specialist for another two hours.

정확히 오후 3시 반에 회의를 종료하겠습니다.

We will be finishing the meeting promptly at 3:30 p.m.

회의는 공식적으로 오후 3시 반에 끝납니다.

The meeting will be finished officially at 3:30 p.m.

정확히 오후 3시 반에 끝나는 것으로 잡혀 있습니다.

We are scheduled to end at exactly 3:30 p.m.

앞으로 한 시간 정도 진행됩니다.

We are here for the next hour or so.

처음 10분 동안 우리가 지금까지 해 온 사항에 대해 살펴보도록 하지요.

Let us spend the first 10 minutes looking at what we have done so far.

질문 있으시면 중간에 편히 말씀해 주세요.

Please feel free to interrupt me if you have any questions.

제가 절차를 설명하는 동안 편하게 질문해 주세요.

Please feel free to ask questions while I explain the procedures.

이해가 안 되면 물어봐 주세요.

Please ask me if you don't understand.

두 발표자 모두 연설 마지막 30분 동안만 질문을 받도록 하겠습니다. 따라서 질문은 그때 해주시길 바랍니다.

Both speakers will only allow questions in the last half hour of their talk. So, please keep your questions until such time.

우선, 이 회의를 마치면 바로 다이아몬드 룸에서 오찬이 있을 예정이오니 이 점 숙지하시기 바랍니다.

To begin with, I'd like to call your attention to the luncheon which will be held at the Diamond Room right after this meeting.

앞에서 배운 패턴과 표현을 활용해 다음 내용을 영어로 완성해 보세요.

David

모두 환영합니다. 앉으시죠. 방문해 주셔서 감사드립니다.

① _____

저를 처음 본 분들이 계실 텐데, 저는 Antam 주식회사의 이사, 최동건이라고 합니다.

② _____

올해의 첫 번째 총회입니다.

③ _____

여러분 모두 앞에 안건이 있습니다. 지금 그것을 상세히 살펴보셨으면 합니다.

④ _____

의사일정을 엄격히 따를 것이니 시간을 잘 지켜주시기 바랍니다.

⑤ _____

두 시간짜리 세션이 2개 있고, 첫 번째 세션 후 점심시간 한 시간이 있겠습니다.

⑥ _____

정확히 오후 4시에 회의를 종료하겠습니다.

⑦ _____

질문 있으시면 중간에 편히 말씀해 주세요.

⑧ _____

모범 영작 ① Welcome everyone. Please have a seat. We appreciate your visit. ② For those of you who have never met me, my name is Dong-gun Choi. I am the director of Antam Inc. ③ This is our first general meeting of the year. ④ You all have the agenda in front of you. I would like you all to look at that carefully right now. ⑤ We will be sticking to the agenda strictly, so please be on time. ⑥ There will be two 2-hour sessions with an hour lunch break after the first session. ⑦ We will be finishing the meeting promptly at 4 p.m. ⑧ Please feel free to interrupt me if you have any questions.

07

회의 진행하기

모두 앞쪽의 스크린을 봐주세요.

1. 주제를 소개할 때

이 회의는 우리의 신규 사업 계획에 관한 것입니다.

This meeting is about our new business plans.

이 회의는 합병 중 실행될 절차를 살펴보기 위해 소집된 것입니다.

This meeting was called to look at procedures to be taken during the merger.

우리의 신규 프로젝트의 진행 상황을 보고하고자 오늘 회의를 소집했습니다.

We've called for today's meeting to report our progress in our new project.

두바이 프로젝트의 진행 상황을 토의하기 위해 이 회의를 소집했습니다.

I've called this meeting to discuss the progress on our Dubai project.

우리의 주 목적은 망고 사와 바바 사의 합병에 관해 논의하는 것입니다.

Our main objective is to discuss the merger between Mango and Baba.

이 회의의 목적은 합병에 관한 세부 내용을 검토하는 것입니다.

The aim of this meeting is to go over the details of the merger.

이 회의의 또 다른 목적은 우리가 직면한 문제점들에 대해 논의하는 것입니다.

Another purpose of this meeting is to discuss the problems we've encountered.

이메일에서 언급한 대로, 오늘 회의의 목적은 우리의 신규 프로젝트를 소개하는 것입니다.

As mentioned in the email, the purpose of today's meeting is to introduce our new project.

모두 생각을 나누어 매출을 증진시킬 방안을 모색해 봅시다.

Let's share ideas and find ways to boost our sales.

매 주 하는 보통의 안건 대신, 오늘은 좀 다른 것을 논의하고 싶습니다.

Instead of our usual weekly agenda, I'd like to discuss something else today.

우리는 이 회의를 해결책으로 보고 있습니다.

We see this meeting as a solution.

매출에 관해서 말하자면 우리는 신규 고객이 필요합니다.

As for our sales, we need new clients.

오늘 우리는 두 가지 주요 주제에 관해 논의합니다.

We have two key topics to discuss today.

오늘 왜 이 자리에 모였는지 아시죠?

Okay, you know why we're here today.

28

자, 그럼 본론으로 들어가도록 할까요?

Alright, let's get down to business, shall we?

자, 그럼 본론으로 넘어가겠습니다.

Then, let me move onto the main part.

더 이상 시간 끌지 않고 주요 안건을 살펴 보도록 하겠습니다.

Without further ado, let me go over the main agenda.

우리는 지난번 회의에서 우리의 소프트웨어에 대해 이야기했습니다.

We talked about our software at our last meeting.

지난번 회의에서 생산 비용을 줄이기 위해 다음 분기에 무엇을 해야 하는지에 대해 논의했습니다.

At our last meeting, we discussed what we should do next quarter in order to decrease production costs.

지난번 회의에서 논의했던 것을 모두 기억하셨으면 좋겠네요.

I hope everyone can recall what we discussed in our last meeting.

모두 앞쪽의 스크린을 봐주세요.

Everyone, please take a look at the screen in front of you.

유인물의 12페이지를 참조해 주세요.

Please refer to page 12 of the handout.

안건에 나와 있듯이 오늘 오전에 세 가지 사항에 대해 이야기하겠습니다.

As provided in the agenda, we have three things to talk about this morning.

연구 개발팀의 제이크 씨께서 자세히 설명하실 것입니다.

Please let Jake from the R&D team explain the details to us.

오늘은 안건들의 첫 번째 파트만 집중해서 다룰 것임을 알려드립니다.

Please note that we will focus on only part 1 of the issues today.

여기에 보시다시피 상품의 시제품들이 준비되어 있습니다.

The prototypes of the product are available as you can see here.

연구 개발부에서 나중에 관련 자료를 제공해 줄 것입니다.

The R&D department will later provide the related documents to you.

돌아가면서 서로의 의견에 대해 논평하도록 합시다.

Let's take turns to comment on each other's ideas.

돌아가면서 자료를 분석합시다.

Let's go around and analyze the data.

우리에게 부족한 게 무엇인지에 대해 이야기해 봅시다.

Let's talk about what we're lacking.

시간이 많지 않아서 오늘 이 모든 문제를 다 다룰 수 있을 것 같지 않네요. 그러니 누구를 목표 시장으로 해야 하는지를 집중적으로 보고, 그런 다음 시간이 허락되면 다른 사항으로 넘어가도록 하겠습니다.

As there's not a great deal of time, we are unlikely to be able to cover all these issues today. So let's focus on who the target market should be, and then time permitting, we can progress onto some of the other issues.

29

앞에서 배운 패턴과 표현을 활용해 다음 내용을 영어로 완성해 보세요.

Emily

우리의 신규 프로젝트의 진행 상황을 보고하고자 오늘 회의를 소집했습니다.

❶ _____

이 회의의 또 다른 목적은 우리가 직면한 문제점들에 대해 논의하는 것입니다.

❷ _____

연구 개발팀의 제임스 씨께서 자세히 설명하실 것입니다.

❸ _____

James

모두 앞쪽의 스크린을 봐주세요.

❹ _____

지난번 회의에서 생산 비용을 줄이기 위해 다음 분기에 무엇을 해야 하는지에 대해 토론했습니다.

❺ _____

지난번 회의에서 토론했던 것을 모두 기억하셨으면 좋겠네요.

❻ _____

자, 그럼 본론으로 들어가도록 할까요?

❼ _____

모범 영작 ❶ We've called for today's meeting to report our progress in our new project. ❷ Another purpose of this meeting is to discuss the problems we've encountered. ❸ Please let James from the R&D team explain the details to us. ❹ Everyone, please take a look at the screen in front of you. ❺ At our last meeting, we discussed what we should do next quarter in order to decrease production costs. ❻ I hope everyone can recall what we discussed in our last meeting. ❼ Alright, let's get down to business, shall we?

08

의견 주고받기

이 프로젝트가 성공할 거라고 믿어요.

1. 업무 현황을 공유할 때

저희는 새로운 안건에 대한 회의를 시작할 준비가 되었습니다.
We are ready to start the meeting about the new agenda.

모든 것은 상품 론칭일에 맞추어 준비되어 있습니다.
Everything is ready for the product launching day.

모든 것이 잘 돌아가게 하기 위해 밤낮으로 일하고 있습니다.
We are working day and night to make sure everything goes well.

나는 이 프로젝트가 성공할 거라고 믿어요.
I believe this project will succeed.

저희는 이 프로젝트가 놓쳐서는 안 되는 기회라고 봅니다.
We believe this project is an opportunity we don't want to miss.

그 계획대로 진행해야 한다고 생각합니다.
I think we should go ahead with the plan.

저는 당면한 상황을 알고 있습니다.
I'm aware of the situation at hand.

저는 중국 시장을 잘 알고 있습니다.
I'm quite aware of the Chinese market.

시장점유율을 강화하기 위해 더 많은 노력을 해야 한다는 것을 알고 있습니다.
I'm conscious of our need to put more effort into strengthening our market share.

일정에 관해서 말씀 드리자면 저희는 준비되었다고 생각합니다.
As far as the schedule is concerned, I believe we are set.

인정하건대 아직 개선의 여지가 있습니다.
Admittedly, there is still room for improvement.

아직 향후 개발을 위한 많은 기회가 있으니 기회를 다 놓친 것은 아닙니다.
There are still plenty of opportunities for future development, so all is not lost.

2. 제안을 할 때

존의 의견에 대해 할 말이 있는 분 계신가요?
Does anyone else have something to say about John's idea?

이 내용에 덧붙일 사항이 있는 분 계신가요?
Does anyone have something to add on this?

이 건에 대해 설명이 필요하신 분 있나요?
Does anyone here need clarification on this matter?

우리는 이 문제를 해결하기 위해 협상을 제안해야 합니다. 그렇지 않으면 이 프로젝트를 놓치게 될 것입니다.

We have to propose negotiations to solve these problems, or else we are going to lose this project.

새로운 계획을 생각해 내야 해요.

We have to come up with a new plan.

우리는 이것을 좋은 기회로 인정해야 합니다.

We should recognize this as a good opportunity.

조만간 이 문제를 다뤄야 합니다.

Sooner or later, we have to deal with the problem.

우리의 첫 번째 시도가 실패했으니 우리는 다른 방법을 제안해야 합니다.

Our first attempt failed, so we have to propose a different method.

이것은 복잡한 문제이기 때문에 우리는 더 많은 선택 사항을 제안해야 합니다.

Since this is a complex matter, we have to propose more options.

이것이 완벽하거나 영구적인 해결책은 아니지만, 우리는 임시방편으로서 이것을 시행해야 합니다.

Although this is not a complete or permanent solution, we should implement this as a temporary solution.

이 건은 나중에 다루도록 합시다.

Let's deal with this case later.

= Why don't we take care of this case later?

계속해서 다른 중요한 건들로 넘어가 볼까요?

Shall we continue to move on to other important things?

이제 발표에 집중하도록 하죠.

Now, let's focus on the presentation.

그런데 말이죠, 수익을 어떻게 나눌지에 관해서 논의해야 합니다.

By the way, we should discuss how to share the profits.

새로운 계획을 세우지 않으면 많은 직원들을 잃게 될지도 모릅니다.

If we do not come up with a new plan, we might lose many employees.

우리 경쟁사가 시장을 점령하지 않도록 우리의 가격을 내릴 필요가 있어요.

We need to lower our price lest our competitor (should) dominate the market.

3. 문제상황을 파악할 때

그들이 자기네 회사와 우리 회사의 합병 의견에 반대한다고 들었습니다.

We were told they were against the idea of merging their company with ours.

월말이 되기 전에 그 프로젝트를 완료해야 한다고 들었습니다.

I was told that we needed to complete the project before the end of the month.

지금 당장 회의를 중단하라는 통지를 받았습니다.

We were advised to stop the meeting immediately.

시장을 예측하라고 배웠습니다.

We were taught to predict the market.

세부적인 계획이 많이 부족했기 때문에, 제 예상대로 그것은 잘 되지 않았습니다.

It lacked a lot of detailed planning, so as I expected, it didn't work out.

전에 설명해 드렸듯이, 다급한 문제는 디자인이 아닙니다.

As I explained earlier, the issue at hand is not the design.

우리의 총 매출이 떨어지고 있다는 사실을 무시할 수 없습니다.

We can't ignore the fact that our total sales have been falling.

저희가 아는 바로는, 우리가 계약을 따내지 못한다면, 그것은 우리가 견적 낸 더 높은 가격 때문일 것입니다.

As far as we know, if we do not get the contract, it will be because of the higher price we quoted.

앞에서 배운 패턴과 표현을 활용해 다음 대화를 영어로 완성해 보세요.

John
이 프로젝트는 놓쳐서는 안 되는 기회입니다.
① ....

Helen
모든 것이 잘 돌아가게 하기 위해 밤낮으로 일하고 있습니다.
② ....

John
월말이 되기 전에 그 프로젝트를 완료해야 한다고 들었습니다.
③ ....

Mike
일정에 관해서 말씀 드리자면 저희는 준비되었다고 생각합니다.
④ ....

John
이 내용에 덧붙일 사항이 있는 분 계신가요?
⑤ ....

Helen
우리의 첫 번째 시도가 실패하였으니 우리는 다른 방법을 제안해야 합니다.
⑥ ....

세부적인 계획이 많이 부족했기 때문에, 제 예상대로 그것은 잘 되지 않았습니다.
⑦ ....

Mike
우리의 총 매출이 떨어지고 있다는 사실을 무시할 수 없습니다.
⑧ ....

모범 영작 ① This project is an opportunity we don't want to miss. ② We are working day and night to make sure everything goes well. ③ I was told that we needed to complete the project before the end of the month. ④ As far as the schedule is concerned, I believe we are set. ⑤ Does anyone have something to add on this? ⑥ Our first attempt failed, so we have to propose a different method. ⑦ It lacked a lot of detailed planning, so as I expected, it didn't work out. ⑧ We can't ignore the fact that our total sales have been falling.

09

토론하기

이 합병 건에 대해 어떻게 생각하세요?

1. 의견을 물을 때

이 합병 건에 대해 어떻게 생각하세요?	**What is your opinion on this merger deal?**
제안하실 사항 없으신가요?	Do you have any proposals to make?
제 의견에 대해 어떻게 생각하세요?	What would you say to my opinion?
좀 더 자세히 설명해 주시겠어요?	Could you explain more in detail?
좋은 시작이군요. 의견 더 없으신가요?	That is a good start. Any more ideas?
재미있는 의견이시네요. 의견을 더 받아보지요.	That is an interesting idea. Let's have some more.

이 불황에 수익을 내는 것이 가능하다고 생각하세요?	**Do you think it's possible to make a profit in this recession?**
이 프로젝트를 계속할 수 있을까요?	Can we continue this project?
이 건에 대한 긍정적인 해결 방안은 낼 수 없는 건가요?	Can't you come up with any optimistic solutions on this matter?
이 상품은 어떤 시장을 대상으로 삼아야 한다고 보시나요?	What market do you believe we should be targeting for this product?

2. 끼어들거나 제지할 때

한 말씀 드려도 될까요?	**May I say a word or two?**
제가 끼어도 되겠습니까?	May I interrupt?
	= May I please cut in here?
제가 그에 대한 의견을 말해도 될까요?	Could I please make a comment on that?
말씀 중에 죄송하지만 한 마디 하겠습니다.	I'm sorry to interrupt you, but let me say a word or two.
마지막으로 한 말씀 드리겠습니다.	In conclusion, I would like to say a word or two.

아직 제 말이 끝나지 않았습니다.	**I haven't finished what I was saying.**
제 얘기 좀 끝게 해주시겠어요?	Could you please let me finish?
잠시만요! 괜찮으시다면, 하던 말 좀 마저 끝낼게요.	Wait a minute! If you don't mind, I'll just finish what I was saying.

35

우리는 팀워크를 강화해야 한다고 생각합니다.	I think we should strengthen our team spirit.
그건 목표로 삼기에 좋은 시장인 것 같군요.	I think that would be a great market to target.
회사가 확장하는 것은 매우 좋은 생각이라고 봅니다.	I think it's a great idea that the firm is expanding.
우리가 서비스를 제공하기에 매우 생산적인 소비자 그룹일 거라고 생각합니다.	I think that it would be a very productive consumer group to provide our services to.

좋은 의견이십니다.	You have a point.
일리가 있는 말이군요.	That makes sense.
그거 좋은 생각이군요.	I think it's a brilliant idea.
반대의사 전혀 없습니다.	I have absolutely no objections.
왜 그렇게 느끼시는지 이해합니다.	I understand why you would feel that way.

그쪽 의견도 이해하지만 그렇다고 문제가 해결되지는 않아요.	I can see your point, but it doesn't solve the problem.
그 점은 이해하지만 이 점에 대해서는 납득이 안 되네요.	I see your point on that aspect, but I'm not convinced on this one.
하시는 말씀 이해합니다만, 동의할 수는 없습니다.	I understand what you're saying, but I don't agree with it.
그 점에 대해서는 동의하지만, 프로젝트 일정을 다시 짤 필요가 있는지에 관해서는 잘 모르겠네요.	I agree with you on that, but I am not totally sure whether project rescheduling is necessary.
저는 개인적으로 당신의 이 아이디어에 반대합니다.	I am personally against this idea of yours.

표결에 부치겠습니다.	We will take a vote on it.
찬성하면 손을 들어주세요.	Raise your hands if you are in favor.
반대하시는 분은 '아니요'라고 해 주세요.	If you object, say "No."

이 점은 우선은 그냥 두고 다음 항목으로 넘어가야 할 것 같습니다.

I think that we will have to leave this point for now and move on to the next item.

또 다른 회의에서 이 토론을 이어나가야 할 것 같습니다.

I think that we will have to continue this discussion at another meeting.

남은 시간은 이 문제에 대해 공개토론을 하는 데 쓰도록 하겠습니다.

I would now like to use the remainder of our time for an open discussion on this issue.

앞에서 배운 패턴과 표현을 활용해 다음 대화를 영어로 완성해 보세요.

John
좋은 시작이군요. 의견 더 없으신가요?
① ....

Helen
회사가 확장하는 것은 매우 좋은 생각이라고 봅니다.
② ....

Mike
이 불황에 수익을 내는 것이 가능하다고 생각하세요?
③ ....
그쪽 의견도 이해하지만 그렇다고 문제가 해결되지는 않아요.
④ ....

Helen
제가 그에 대한 의견을 말해도 될까요?
⑤ ....

John
이 점은 우선은 그냥 두고 다음 항목으로 넘어가야 할 것 같습니다.
⑥ ....

Helen
제 얘기 좀 끝내게 해주시겠어요?
⑦ ....

모범 영작 **①** That is a good start. Any more ideas? **②** I think it's a great idea that the firm is expanding. **③** Do you think it's possible to make a profit in this recession? **④** I can see your point, but it doesn't solve the problem. **⑤** Could I please make a comment on that? **⑥** I think that we will have to leave this point for now and move on to the next item. **⑦** Could you please let me finish?

10

회의 종료하기

질문이 하나 더 있습니다.

1. 회의를 마무리할 때

아이디어를 제안해 주셔서 고맙습니다.

Thank you for putting your ideas forward.

오늘 아침 회의에서 논의했던 사항에 관해 아이디어와 의견을 제시해 주셔서 무척 감사드립니다.

Thank you all very much for offering your ideas and opinions on the issues discussed at this morning's meeting.

오늘 아침 이 자리에서 논의했던 사항에 관한 여러분의 견해에 대해 큰 감사드립니다.

Thank you very much for everyone's points of view on the matters discussed here this morning.

다들 다음 2주간 해야 할 일에 대해 확실히 이해하고 있기를 바랍니다.

I hope everyone has a clear idea of what needs to be done over the next two weeks.

이 프로젝트 팀의 모든 팀원들이 이 새로운 도전을 위해 생산적으로 함께 일할 수 있기를 바랍니다.

I'm hopeful that all members of this project team will be able to work productively together on this new challenge.

다음 기회에 이 문제에 대해 토론할 사항이 아직도 많다고 생각합니다.

I think that there is still a lot more to discuss on this issue next time around.

2. 질의응답 시간을 가질 때

마지막 의견이나 문의사항 있으신지요?

Are there any final comments or concerns?

저희 결정에 대한 마지막 의견이 있습니까?

Do you have any last comments on our decision?

저희 결론에 추가하고 싶은 사항 있습니까?

Does anyone want to add anything to our conclusion?

저희 신상품 출시에 대한 추가 의견 있습니까?

Does anyone have any further comments on the launch of our new product?

시간이 괜찮으시다면 질문이 하나 더 있습니다.

I have another question, if you have time.

지금 단계에서는 없습니다. 감사합니다.

Not at this stage, thanks.

= Not at the moment, thanks.

	= No, nothing more at present, thanks.
아니요. 다 다룬 것 같습니다. 감사합니다.	No, I think everything's been covered, thanks.
아니요. 새롭게 추가할 사항 없습니다. 감사합니다.	No, I have nothing new to add, thanks.
	= No, I don't have anything more to contribute, thanks.
추가 비용에 대해 상세하게 설명해 주시겠습니까?	Could you elaborate on the additional costs?
그 모든 자료를 어디에서 입수했나요?	Where were you able to get all the data?
괜찮으시다면 개인적인 것을 여쭤 봐도 될까요?	Can I ask you something personal if you don't mind?
의견이 더 있으시면 주저 말고 언제든 저에게 이메일 보내세요.	If you have any more ideas, feel free to email me any time.
	= If you have any more ideas, do not hesitate to send them via email.
며칠 동안 생각 좀 해볼게요.	Let me think about it for a few days.
상황을 좀 지켜보지요.	Let me see what happens.
귀추를 보고 결정하지요.	Let's see how things turn out before we decide.
결과가 나올 때까지 두고 봅시다.	Let's wait and see how it turns out.
미안합니다만, 그 정보는 아직 대외비입니다.	I am sorry, but that information is still confidential.

3. 결론을 내리고 회의를 마칠 때

결론적으로 우리는 향후 5년 동안 대단한 일들을 기대할 수 있을 것입니다.	In conclusion, we should expect great things in the next five years.
이 회의를 통해 우리는 이 문제에 대해 우리가 어떻게 생각하고 있는지 알게 되었습니다.	From this meeting, we found out what we really think about this complication.
우리의 보안정책을 상담하기 위해 기술원조센터의 참여가 필요하다고 결론을 내렸습니다.	We came to the conclusion that we need to involve the Technical Assistance Center to consult with us on our security policies.

우리는 중국은 더 이상 개척할 수 없는 포화 시장이라는 결정을 내렸습니다.

We decided that China is a saturated market that can no longer be exploited.

끝으로 핵심 사항들을 기억하셨으면 합니다.

In closing, I would like you to remember the key points.

심사숙고 끝에 이 안건은 급하지 않다고 결정했습니다.

After careful consideration, we decided that the matter is not urgent.

우리는 유급휴가에 관해 합의를 이뤘습니다.

We have reached an agreement on paid vacations.

다음 회의에서 마케팅 전략들에 대해 논의하겠습니다.

At our next meeting, we will discuss marketing strategies.

여러분이 확인해 보실 수 있도록 자료는 이메일로 보내드릴 것입니다.

The information will be emailed to you to check.

점심시간에 기초적인 사항들에 대해 알려드리겠습니다.

I'll brief you on the nuts and bolts at lunchtime.

세부사항에 관해 업데이트해 드리겠습니다.

I'll update you on the details.

자, 그럼 오늘 회의는 여기서 마치도록 하지요.

Okay then, we'll wrap this meeting up now.

= Let's wrap things up then.

= Well then, we'll adjourn the proceedings for now.

초청 연사에게 큰 박수를 보내며 (이 회의를) 마칩시다.

Let's wrap up by giving a big round of applause to our guest speaker.

이 사항에 관해 계속 전달해 주세요.

Keep me posted on this issue.

충분히 얘기했으니 회의를 마치도록 합시다.

Enough said. Let's finish the meeting.

앞에서 배운 패턴과 표현을 활용해 다음 대화를 영어로 완성해 보세요.

Michelle

아이디어를 제안해 주셔서 고맙습니다.

❶ ....

다음 기회에 이 점에 대해 좀 더 토론할 내용이 많다고 생각합니다.

❷ ....

마지막 의견이나 견해 있으신지요?

❸ ....

Lewis

시간이 괜찮으시다면 질문이 하나 더 있습니다.

❹ ....

추가 비용에 대해 상세하게 설명해 주시겠습니까?

❺ ....

Michelle

미안합니다만, 그 정보는 아직 대외비입니다.

❻ ....

이것은 말해 드릴 수 있어요. 우리는 향후 5년 동안 대단한 일들을 기대할 수 있을 것입니다.

❼ ....

자, 그럼 오늘 회의는 여기서 종결짓도록 하지요.

❽ ....

모범 영작 ❶ Thank you for putting your ideas forward. ❷ I think that there is still a lot more to discuss on this issue next time around. ❸ Are there any final comments or concerns? ❹ I have another question, if you have time. ❺ Could you elaborate on the additional costs? ❻ I am sorry, but that information is still confidential. ❼ I can tell you this. We should expect great things in the next five years. ❽ Well then, we'll adjourn the proceedings for now.

11

협상 시작하기

성공적인 논의가 이루어지기를 기대합니다.

1. 환영인사를 할 때

안녕하세요, 미스터 김! 들어오세요.

Hello, Mr. Kim! Please come in.

환영합니다! 먼 걸음 하셨네요. 들어와서 앉으세요.

Welcome! You've come a long way. Come in and take a seat.

여기까지 먼 걸음 해주셔서 감사합니다.

Thank you for coming all the way down here.

저는 브레드 서이고, 이쪽은 제 동료 션 리 입니다.

I'm Brad Seo, and this is my colleague Sean Lee.

앉아서 음료수 좀 드세요.

Please have a seat and help yourself to something to drink.

Areal을 대표하여 저희 본사를 방문해 주신 여러분 모두를 기쁜 마음으로 환영합니다.

On behalf of Areal, I am very glad to welcome all of you to our head office.

저희 김정훈 사장님을 대신하여 제가 이 회 의를 진행하겠습니다.

On behalf of our Chief Executive Officer Mr. Kim Jeong-hoon, I will lead this meeting.

저희 팀을 대신하여 제가 저희 팀원들을 소 개하겠습니다.

On behalf of our team, let me introduce our team members.

SBX사를 대표하여 여러분 모두를 환영합 니다.

On behalf of SBX, I welcome all of you.

2. 협상의 시작을 알릴 때

오늘의 논의로 넘어가지요. 저는 오늘 매우 생산적인 논의가 이루어지기를 기대합니 다.

Let's move to today's discussion, and I am looking forward to a very fruitful discussion today.

우리 모두는 이 새로운 합작 투자가 시작되 기를 고대합니다.

We're all looking forward to getting this new joint venture started.

다뤄야 할 주제가 몇 가지 있습니다. 시작하 는 것이 어떻겠습니까?

We have several topics to address, so why don't we get started?

괜찮으시다면 현재 상황의 개요를 소개하 면서 시작해도 될까요?

If you don't mind, could I start by presenting a rundown of our current status?

괜찮으시다면 귀사의 프로젝트 일정을 먼저 알려주실 수 있을까요?	If you don't mind, could you present your project schedule first?
괜찮으시다면 이 협상을 오후 4시 전까지 마칠 수 있을까요?	If you don't mind, could we finish this session before 4 p.m.?
괜찮으시다면 제 조수가 저와 함께 이 회의에 참석해도 될까요?	If you don't mind, could my assistant attend this meeting with me?
안건이 꽉 차 있기 때문에 지금 시작하는 게 좋겠습니다.	We have got a very full agenda, so we'd better get started now.
시간이 부족하니 시작하죠.	We are short of time, so let's get started.
얘기는 많이 나눈 것 같네요. 자, 본론으로 돌아가지요.	I think we've had enough small talk. Let's get back to business.
좋습니다. 모두 오늘의 본론으로 들어갈 준비가 되셨는지요?	Alright. Are we all ready to get back to our main issue for today?

3. 안건 및 견해를 소개할 때

오늘 회의에 관해, 그리고 저희가 이루고자 하는 사항에 관해 간단히 말씀 드리면서 시작하고 싶습니다.	I'd like to start by saying a few words about today's meeting and what we expect to achieve.
저희의 견해를 밝히며 시작하겠습니다.	Let me start by clarifying our point of view.
제가 이 회의가 무엇에 관한 것인지 말씀 드린 다음 토론으로 들어가겠습니다.	Allow me to explain what this meeting is about, and then we will move on to the discussion.
이 프로젝트를 함께할 최고의 회사를 찾고 있는 중입니다.	We have been looking for the best company to partner with on this project.
아직까지는 귀사가 이 합작 투자사업에 가장 강력한 후보입니다.	So far, your company is the strongest candidate for this joint venture.
우리는 이 프로젝트에 우리와 같은 비전을 갖고 있는 회사를 찾고 있습니다.	We are looking for a company which has the same vision as ours for this project.
오늘 귀사와 함께 공동사업을 할 수 있을지에 관한 충분한 공감대를 찾고 싶습니다.	What we hope to do today is find enough common ground to enter into a business partnership with you.
우리 모두 알다시피 우리는 공감대를 찾고자 이 자리에 모였습니다.	As we are all aware, we are here to find some common ground.

우리 모두 알다시피 오늘 우리는 우리의 합작 투자사업 협정에 관해 합의에 도달하고자 모였습니다.

As we all know, we are here today to try and reach an agreement concerning our joint venture agreement.

아시다시피 오늘 우리는 우리 협의안의 대안을 브레인스토밍하고자 합니다.

As you know, we are here today to brainstorm some alternatives to our agreement.

그럼 귀사의 가격 제안을 살펴봅시다.

Then let's have a look at your pricing proposals.

좋아요. 그럼 귀사의 제안에 관련하여 다른 대안을 살펴봅시다.

Okay then, let's take a look at some alternatives to your offer.

앞서 제안하셨던 것처럼 덤핑 요금에 대한 우리의 요구사항부터 시작하지요.

As you suggested earlier, let's begin with our requirements for a dumping charge.

앞에서 배운 패턴과 표현을 활용해 다음 대화를 영어로 완성해 보세요.

Chris

안녕하세요, 미스터 김! 들어오세요. 여기까지 먼 걸음 해주셔서 감사드립니다.

❶ _____

Mr. Kim

잘 지내시죠? 이쪽은 제 동료 션 리입니다.

❷ _____

Chris

Areal을 대표하여 저희 본사를 방문해 주신 여러분 모두를 기쁜 마음으로 환영합니다.

❸ _____

우리 모두는 이 새로운 합작 투자가 시작되기를 고대합니다.

❹ _____

Mr. Kim

좋습니다. 저희의 견해를 밝히며 시작하겠습니다.

❺ _____

우리는 이 프로젝트에 우리와 같은 비전을 갖고 있는 회사를 찾고 있습니다.

❻ _____

Chris

우리 모두 알다시피 우리는 공감대를 찾고자 이 자리에 모였습니다.

❼ _____

모범 영작 ❶ Hello, Mr. Kim! Please come in. Thank you for coming all the way down here. ❷ How are you? This is my colleague, Sean Lee. ❸ On behalf of Areal, I am very glad to welcome all of you to our head office. ❹ We're all looking forward to getting this new joint venture started. ❺ All right. Let me start by clarifying our point of view. ❻ We are looking for a company which has the same vision as ours for this project. ❼ As we are all aware, we are here to find some common ground.

12

협상 전개하기

귀사의 컨설팅 비용은 좀 비싼 편이더군요.

1. 협상 절차를 안내할 때

다음 단계는 무엇이죠?	What's the next step?
다음 안건은 무엇이죠?	What's next on the agenda?
다음 단계는 무엇인가요?	What's our next move?
다음 사항은 무엇인가요?	What's the next point?
제 견해로는 두 번째 단계에서 세 가지 사항을 완수해야 합니다.	From my perspective, phase two should accomplish three things.
제가 보기에는 우리는 우선 그 계약에 서명해서는 안 됩니다.	From my perspective, we shouldn't have signed the deal in the first place.
네, 제 생각에 1단계는 한 달을 넘지 않아야 합니다.	Okay, in my opinion, phase one should take no longer than one month.

2. 가격을 정할 때

어느 정도의 할인을 제시해 주실 수 있습니까?	What kind of discount could you offer?
저희가 할인을 받을 방법이 없을까요?	Is there any way we could get a discount?
할인을 받는 게 가능할까요?	Would it be possible to get a discount?
저희에게 좋은 가격을 제시해 주셨으면 합니다.	We would need you to give us a good price.
만약 저희 측에서 모든 설치 비용을 댄다면 10% 할인에 동의하시겠어요?	Would you agree to a 10 percent discount if we covered all the installation costs?
선적 비용을 부담하는 데 동의하신다면 가격인하가 가능합니다.	A discount is possible if you agree to pay for the shipping costs.
그럼 확인하자면, 저희가 8%를 할인하면 그쪽에서 선적비를 부담하고 설치를 해결하신다는 거네요.	So, to confirm: we will give you an 8 percent discount, but you pay all the shipping costs and handle the installation.

저희는 옵션 A와 B 사이의 중간 지점을 제안합니다.

We suggest the middle ground between Option A and Option B.

저희는 옵션 A와 옵션 B 사이의 어느 정도의 지원을 제안합니다.

We propose a level of support between Option A and Option B.

저희는 옵션 A와 B의 조합을 제안하고 싶습니다.

We would like to propose a combination of Option A and Option B.

옵션 A는 약간 비싸고, 옵션 B는 너무 많은 위험요소를 갖고 있습니다.

Option A is a little expensive, and Option B holds too many risks.

옵션 B는 10시간짜리 프로젝트당 $1,500 달러를 지불하는 것입니다.

With Option B, you pay $1,500 per each ten-hour project.

옵션 A는 월정액 4,500달러로 모든 기술 컨설팅과 시장조사를 위해 실시하는 고객 설문을 포함합니다.

With Option A, there is a fixed monthly fee of $4,500 for all technical consulting and customer surveys we conduct for market research.

우리는 주로 장기적인 프로젝트를 다룰 것이기 때문에 옵션 A가 사실 더 경제적이지요.

Option A is actually more economical as we will work mostly on long-term projects.

저희는 옵션A로 결정했어요.

Option A is what we have decided to go with.

하지만 저희는 귀사의 컨설팅 비용이 좀 비싼 편이라고 생각해요.

However, we figure your consulting fees are a little on the high side.

음, 귀사의 서비스 비용은 업계 평균가에 비해 약간 비싸더군요.

Well, we figure your service charge is slightly over the industry average.

음, 귀사의 가격은 주요 경쟁사와 비교해서 높은 편이라는 것을 알게 됐어요.

Well, we found your prices to be on the high side compared to your main competitor's.

글쎄요, 어떤 점에서는 맞는 말씀이긴 하지만 질적인 측면에서 보시기 바랍니다.

Well, that may be true in some respect, but look at it from a qualitative point of view.

글쎄요, 그런 측면에서는 맞는 말씀이긴 하지만 마케팅 측면에서 보시기 바랍니다.

Well, that may be true from that perspective, but look at it from a marketing perspective.

글쎄요, 어느 정도 맞는 말씀이긴 하지만 고객의 관점에서 보시기 바랍니다.

Well, that may be true to some degree, but look at it from the perspective of the consumer.

저희는 월정액 3,500달러 지불을 생각하고 있습니다.

We are considering paying a fixed monthly fee of $3,500.

시간당 100달러의 서비스 비용을 지불하는 것을 고려하고 있습니다.

We are considering paying a service charge of $100 per hour.

한 개당 450달러 정도로 생각하고 있습니다.

We are thinking about $450 per unit.

앞에서 배운 패턴과 표현을 활용해 다음 대화를 영어로 완성해 보세요.

James

다음 단계는 무엇이죠?

① ....

Anna

네, 제 생각으로는 다음 단계는 가격을 결정짓는 것입니다.

② ....

James

음, 귀사의 서비스 비용은 업계 평균가에 비해 약간 비싸더군요.

③ ....

저희에게 좋은 가격을 제시해 주셨으면 합니다.

④ ....

Anna

글쎄요, 어떤 점에서는 맞는 말씀이긴 하지만, 질적인 측면에서 보시기 바랍니다.

⑤ ....

James

저희는 월정액 3,500달러 지불을 생각하고 있습니다.

⑥ ....

Anna

그건 너무 낮아요.

⑦ ....

James

만약 저희 측에서 모든 설치비용을 댄다면 10% 할인에 동의하시겠어요?

⑧ ....

모범 영작 ❶ What's the next step? ❷ Okay, in my opinion, the next step is to settle the price. ❸ Well, we figure your service charge is slightly over the industry average. ❹ We would need you to give us a good price. ❺ Well, that may be true in some respect, but look at it from a qualitative point of view. ❻ We are considering paying a fixed monthly fee of $3,500. ❼ That is too low. ❽ Would you agree to a 10 percent discount if we covered all the installation costs?

13

반대하고 동의하기

공감대를 못 찾을 것 같군요.

1. 상대방 의견에 동의할 때

타당한 제안입니다.

Your suggestions do make some sense.

당신의 제안은 그럴듯하군요.

Your suggestions are plausible.

그 제안은 고려해 볼 만하군요.

Your suggestions are worth considering.

당신의 제안이 훌륭해 보이므로, 우리는 그 내용을 고려할 준비가 되어 있습니다.

Your proposal looks great, and we're prepared to consider it.

제안이 그럴 법하군요. 고려해 보겠습니다.

Your proposal is feasible. We will give it some consideration.

제안이 고려해 볼 만한 가치가 있군요. 생각해 보도록 하겠습니다.

Your proposal is worth considering. We will give it some thought.

2. 상대방 의견에 반대할 때

재정적인 측면에서 말하면 그건 불가능합니다.

That's just not possible financially speaking.

시장동향 측면에서 그건 실행 가능하지 않습니다.

That's just not viable in terms of the market trends.

현재 금년에 책정된 예산을 고려해 보면 그것은 가능하지 않습니다.

That's just not possible considering the budget currently set for this year.

마케팅 측면에서 보면 요구하시는 부분은 불가능합니다.

From the market point of view, what you're asking is just impossible.

저희의 현 재정 상황을 고려해 볼 때 귀사의 제안을 받아들일 수 없습니다.

We cannot accept your offer, considering our current financial status.

평균 시장 가격을 고려해 볼 때 그것은 너무 비쌉니다.

That's just way too expensive considering the average market price.

시장 동향 면에서 그것은 가능한 이야기가 아닙니다.

That's just not viable in terms of the market trends.

유감스럽게도 이 제안을 받아들일 수 없습니다.

I'm afraid that we cannot take this offer.

죄송합니다만 지금은 좋은 시기가 아닌 것 같습니다.

I'm sorry, but we feel that this is not the right timing.

51

이번에는 이것에 대해 합의에 이르지 못할 것 같군요.	We don't seem to be able to come to an agreement on this matter at this time.
이 사항에 대해 아직 합의를 보지 못했습니다.	We have not yet reached an agreement on this matter.
우리는 계약이 해지되는 것을 요구하는 것이 아닙니다.	We are not asking that the contract be nullified.
이것을 하자고 요구하는 것이 아닙니다.	We are not asking that it be done.
프로젝트 마감일이 연기되어야 한다고 주장하는 것이 아닙니다.	We are not insisting that our project due date be postponed.

3. 합의에 이르기 어려울 때

그건 말도 안 됩니다.	That is out of the question.
그 조건에는 동의할 수 없습니다.	I am not able to agree to those terms.
그건 이룰 수 없겠네요.	That can't be achieved.
그건 제가 협상하려고 준비한 한도를 넘어서는군요.	That is beyond the boundaries I'm prepared to negotiate within.
저희 측에서 그 조건을 받아들이기는 어려울 것 같습니다.	I don't think it is possible for us to accept those terms.
지금은 공감대를 못 찾을 것 같군요.	We don't seem to be able to find common ground here.
그 제안을 따를 수가 없을 것 같습니다.	We don't seem to be able to go along with the proposal.
전화상으로는 효과적으로 대화를 나눌 수 없는 듯합니다.	We don't seem to be able to communicate effectively over the phone.
당신의 제안에 대한 그들의 생각을 가지고 다시 연락 드리겠습니다.	I'll get back to you with their thoughts on your offer.
더 필요한 사항이 있으면 저희 측에 연락 주시길 바랍니다.	I hope that you'll contact us again with any future requests.
당신의 입장을 밝히셨으니, 전 그 상황을 그들과 더 논의한 후 결과를 다시 알려드리지요.	Now that you've made your stance known, I'll discuss the situation further with them and relay the results back to you.
정보가 좀 더 들어오면 이 사항에 대해 더 자세히 이야기 나누겠습니다.	We will talk further on this issue once more information is available.

앞에서 배운 패턴과 표현을 활용해 다음 대화를 영어로 완성해 보세요.

Anna
만약 저희 측에서 모든 설치비용을 댄다면 10% 할인에 동의하시겠어요?
❶ ....

Mike
그건 재정적으로 가능한 이야기가 아닙니다.
❷ ....

Anna
양측이 조금씩 양보해야 한다고 생각해요.
❸ ....

Mike
현 재정 상황을 고려해 볼 때 귀사의 요구사항을 받아들일 수 없습니다.
❹ ....

Anna
지금은 공감대를 못 찾을 것 같군요.
❺ ....

Mike
당신의 제안에 대한 그들의 생각을 가지고 다시 문의 드리겠습니다.
❻ ....

모범 영작 ❶ Would you agree to a 10 percent discount if we covered all the installation costs? ❷ That's just not possible financially speaking. ❸ I think we are both going to have to give a little. ❹ We cannot accept your offer, considering our current financial status. ❺ We don't seem to be able to find common ground here. ❻ I'll get back to you with their thoughts on your offer.

14

서로 양보해야 할 것 같습니다.

1. 가격을 협상할 때

시작이 좋은데요. 먼저 조건이 어떻게 되죠?

That's a good start. What are the conditions first?

시작에 있어 우리는 귀사가 제안한 가격에 어떤 융통성이 있는지 알고 싶습니다.

Well, to start with, we need to know what kind of flexibility surrounds your proposed price.

우리가 그것을 받아들이려면, 몇 가지 추가 조건을 수용해 주실 수 있는지 여쭤봐야겠습니다.

In order for us to accept it, we need to ask if you can accept some additional conditions.

솔직히 말씀 드려서 그것은 배정한 예산을 넘어서는군요.

To be honest, that's more than I have allotted.

솔직히 말씀 드려서 한 달에 약 1,400달러의 임대료를 예산으로 세웠습니다.

To be honest, I have budgeted for a lease of around $1,400 per month.

솔직히 말씀 드려서 제가 예상한 것보다 훨씬 비싸군요.

To tell you the truth, that's way more than I expected.

솔직히 말씀 드려서 제가 투자하기로 계획했던 것보다 많군요.

To be honest, that's more than I have planned to invest.

만일 저희가 여섯 번째 달부터 10퍼센트 할인을 제공하면 어떨까요?

What if we offer a 10% discount from the sixth month on?

체험 기간을 15일 제공해 드리면 어떨까요?

What if we offer a 15-day trial period?

100개씩 대량구입을 하실 때마다 10퍼센트 할인을 제공해 드리면 어떨까요?

What if we offer you a 10% discount after every 100 units purchased in bulk?

계약기간을 1년에서 3년으로 연장한다면 할인해 드릴 수 있습니다.

We can offer you a discount provided that we extend our contract period from 1 to 3 years.

특정 조건 하에서 월 요금을 약간 인하해 드릴 수 있습니다.

We could offer you a slight reduction in the monthly fee on certain conditions.

만약에 그들이 우리의 조건에 동의한다면 우리는 그 거래를 수용할 겁니다.

If they agree to our terms, we will accept the deal.

생각하고 계신 사항이 있으신가요?

What do you have in mind?

중간 지점을 찾으려고 노력합시다.

Let's try to find a middle ground.

타협을 해야 해요.

We need to reach a compromise.

양측이 조금씩 양보를 해야 한다고 생각해요.

I think we are both going to have to give a little.

지금 필요한 것은 양측이 어떻게든 양보하는 것입니다.

What we need is some sort of concession from both sides.

조금씩 양보하지 않으면 장기간 교착상태에 빠질지도 모릅니다.

We may be at a stalemate for a long time unless we give in a bit.

조금씩 양보하지 않으면 아무것도 할 수 없을 겁니다.

We may go nowhere unless we compromise a bit.

계속 서로 반대만 하면 우리는 정체 상태에 빠지게 돼요.

We may get stuck if we continue to disagree.

앞에서 배운 패턴과 표현을 활용해 다음 대화를 영어로 완성해 보세요.

Emily

솔직히 말씀 드려서 그것은 배정한 예산을 넘어서는군요.

❶ _____

우리는 귀사가 제안한 가격에 어떤 융통성이 있는지 알고 싶습니다.

❷ _____

John

계약기간을 1년에서 3년으로 연장한다면 할인해 드릴 수 있습니다.

❸ _____

Emily

중간 지점을 찾으려고 노력합시다.

❹ _____

John

100개씩 대량구입을 하실 때마다 10퍼센트 할인을 제공해 드리면 어떨까요?

❺ _____

Emily

타당한 제안입니다.

❻ _____

모범 영작 ❶ To be honest, that's more than I have allotted. ❷ We need to know what kind of flexibility surrounds your proposed price. ❸ We can offer you a discount provided that we extend our contract period from 1 to 3 years. ❹ Let's try to find a middle ground. ❺ What if we offer you a 10% discount after every 100 units purchased in bulk? ❻ Your suggestions do make some sense.

15

협상 마무리하기

하드카피를 우편으로 보내드리죠.

1. 합의사항을 확인할 때

그걸 다시 훑어볼게요.

Let me just run over that again.

그럼 지금까지 합의한 사항을 확인해 봅시다.

Okay, let's confirm what we have agreed to so far.

계약조건을 다시 한 번 훑어보면 어떨까요?

Why don't we run over the contract terms again?

다음으로 넘어가기 전에 세부사항을 요약해 드리죠.

Let me summarize the details before we move on.

내년부터 주요 제품에는 2% 할인을 하기로 동의했습니다.

We have agreed to a two percent cut on the main product line from next year.

우리의 계약기간을 6개월에서 1년으로 연장하는 것에 동의했습니다.

We have agreed to extend our contract period from six months to one year.

2년간 연구원들을 교환하기로 타협했습니다.

We have made a deal to exchange our researchers for a period of 2 years.

배송 시간은 전과 동일할 것으로 예상합니다.

We expect delivery times to be the same as before.

배송 일정은 이전과 같을 것으로 예상합니다.

We expect the shipping schedules to be the same as before.

전체 진행 단계는 약 3년 정도 소요될 것으로 예상합니다.

We project the entire procedure to take about three years.

2. 계약서를 점검할 때

보시다시피 이 계약은 올해 11월 1일부터 시행됩니다.

You can see that this contract will take effect on November 1st of this year.

이 계약은 올해 7월 1일부터 유효합니다.

This contract will be effective beginning July 1st of this year.

계약은 올해 7월 1일부터 구속력이 있습니다.

The contract will be binding beginning July 1st of this year.

이 계약서는 2년간 유효합니다.

The contract will be valid for a two-year period.

양측은 계약 종료를 원할 경우 45일 전 통보가 필요합니다.

In the case that either party needs to terminate the contract, 45 days' notice is required.

계약 종료를 원할 경우 양측은 적어도 45일 전 통보가 필요합니다.

No less than 45 days' notice is required by both parties in the case of a need to terminate the contract.

계약을 종결하려면 양측은 최소 45일 전 통지를 해줘야 합니다.

Both parties must give 45 days' notice for termination of the contract.

하드카피를 만들어서 우편으로 보내드리죠.

We will make a hard copy and send it to you in the mail.

오늘 오후에 계약서 한 부를 이메일로 보내드리도록 하지요.

We will send you a copy of the contract via email later this afternoon.

기록을 위해 한 부를 보관하셔야 합니다.

You should keep a copy for your records.

3. 협상을 끝낼 때

우리의 협상이 좋은 성과를 거두어서 기쁘네요.

I am glad our talk has panned out well.

합의에 이를 수 있게 되어서 정말 좋네요.

I am glad that we've been able to reach an agreement.

거래를 성사시킬 수 있게 되어 기쁩니다.

We are pleased that we've been able to work out a deal.

양측이 함께할 미래에 대해 무척 기대가 됩니다.

We're very excited about our future together.

이 건에 대해 합의에 이룰 수 있을 줄 알았습니다.

I knew we would be able to come to an agreement on this matter.

이 건에 대해 결국 저희의 제안을 받아들이실 줄 알았습니다.

I knew you would eventually accept our suggestion on this matter.

이 계약의 적정선을 찾을 수 있을 줄 알았습니다.

I knew we would be able to find the appealing point for this deal.

이번이 우리에게 좋은 사업관계의 출발점이 될 수 있겠네요.

This could be the start of good business relations for us.

이번 거래는 향후 수익을 증진시킬 수 있는 좋은 시작점이 될 것입니다.

This deal would be a good starting point to increase our future profits.

이번 회의는 우리의 견해를 이해하는 데 아주 도움이 됐습니다.

This meeting was productive in understanding our viewpoints.

귀사와 좋은 비즈니스 관계를 맺기를 기대합니다. | We anticipate having good business relations with you.

회의가 성공적이었습니다. | The meeting was a great success.

알찬 회의가 되도록 해 주셔서 감사합니다. | Thanks for making this meeting productive.

여러 모로 감사드립니다. | Thank you for everything.

앞에서 배운 패턴과 표현을 활용해 다음 대화를 영어로 완성해 보세요.

John

계약조건을 다시 한 번 훑어보면 어떨까요?

❶ _____

우리의 계약기간을 6개월에서 1년으로 연장하는 것에 동의했습니다.

❷ _____

배송 시간은 전과 동일할 것으로 예상합니다.

❸ _____

Emily

보시다시피 이 계약은 올해 11월 1일부터 시행됩니다.

❹ _____

John

양측은 계약 종료를 원할 경우 45일 전 통보가 필요합니다.

❺ _____

Emily

기록을 위해 한 부를 보관하셔야 합니다.

❻ _____

John

우리의 협상이 좋은 성과를 거두어서 기쁘네요.

❼ _____

Emily

이번이 우리에게 좋은 사업관계의 출발점이 될 수 있겠네요.

❽ _____

모범 영작 ❶ Why don't we run over the contract terms again? ❷ We have agreed to extend our contract period from six months to one year. ❸ We expect delivery times to be the same as before. ❹ You can see that this contract will take effect on November 1st of this year. ❺ In the case that either party needs to terminate the contract, 45 days' notice is required. ❻ You should keep a copy for your records. ❼ I am glad our talk has panned out well. ❽ This could be the start of good business relations for us.

16

출장 준비하기

왕복 티켓으로 부탁합니다.

1. 출장을 알릴 때

다음 주에 출장을 갑니다.	I'll be away on business next week.
다음 주에 사무실에 없습니다.	I'll be out of the office next week.
다음 주에 출장을 갑니다.	I'll be traveling next week.
출장으로 다음 주에 자리를 비웁니다.	I'll be absent from work due to a business trip next week.

요즘 그곳 날씨가 어떻지요?	What's the weather like out there these days?
시드니는 뭘 하는 걸로 유명하지요?	What is popular to do in Sydney?
뉴욕의 인기 있는 관광명소는 어디인가요?	What are the popular sights in New York City?
도쿄에서 볼 만한 것을 추천해 주시겠어요?	Can you recommend some things to see in Tokyo?

2. 숙소 · 항공권을 예약할 때

예약 좀 하려고요.	I need to make a reservation.
방을 예약하고 싶습니다.	I'd like to reserve a room.
방이 있습니까?	Do you have any rooms available?
전망이 좋은 방을 원해요.	I'd like a room with a view.

뉴욕행 항공편을 예약하려고 합니다.	I need to book a flight to New York.
뉴욕행 비행기를 예약하려고 전화 드립니다.	I'm calling to reserve a flight to New York.
항공편을 확인하려고 전화 드립니다.	I'm calling to confirm a flight.
1273편 비행기 예약을 확인하고 싶습니다.	I'd like to confirm my reservation on flight 1273.

왕복 티켓으로 부탁합니다.	It will be a round trip.
왕복 티켓을 예약하고 싶습니다.	I would like to have a return ticket, please.
샌프란시스코행 편도 티켓을 예약하고 싶습니다.	I'd like to reserve a one-way ticket to San Francisco.

8월 1일에 떠나서 9일에 돌아올 겁니다.	I'm leaving on the 1st of August, and returning on the 9th.
뉴욕행 직항 항공편이 있나요?	Is there a nonstop flight to New York?
일반석으로 부탁합니다.	Economy class, please.
회사 차량을 예약하고 싶은데요.	I need to reserve the company car.
이용 가능한 회사 차량이 있습니까?	Are there any company cars available?
이번 주 목요일 15일에 회사 차가 필요한데요.	I will be requiring a company car this Thursday, the 15th.
렌터카를 예약하고 싶습니다.	I'd like to make a reservation for a rental car, please.

3. 비자를 신청할 때

비자 인터뷰를 예약하고 싶은데요.	I need to make an appointment for a visa interview.
미국 취업비자를 신청해야 합니다.	I need to apply for a work visa to the United States.
비자 인터뷰를 취소하고 싶은데요.	I need to cancel my visa interview.
취업확인서를 요청하려고 전화 드립니다.	I'm calling to request a letter verifying employment.
비즈니스 컨퍼런스에 갈 예정입니다.	I'm going to a business conference.
제 여행의 목적은 비즈니스 컨퍼런스에 참석하는 것입니다.	The purpose of my travel is to attend a business conference.
비즈니스 회의에 참석하려고 갑니다.	I'm traveling to attend a business conference.
저는 보스턴에서 열리는 국제회의에 참석해야 합니다.	I have to attend an international conference in Boston.
출장차 미국에 갑니다.	I go to the USA on business.

앞에서 배운 패턴과 표현을 활용해 다음 대화를 영어로 완성해 보세요.

James
다음 주에 출장을 갑니다.
① _____

도쿄에서 볼 만한 것을 추천해 주시겠어요?
② _____

Helen
신주쿠와 긴자는 꼭 방문해 보세요.
③ _____

James
예약 좀 하려고요.
④ _____

Staff
어디로 가시지요?
⑤ _____

James
시애틀에서 뉴욕행 직항 항공편이 있나요?
⑥ _____

Staff
언제 출발하길 원하시죠?
⑦ _____

James
이번 주 토요일로 부탁합니다. 편도 티켓으로요.
⑧ _____

모범영작 **①** I'll be away on business next week. **②** Can you recommend some things to see in Tokyo? **③** You should definitely visit Shinjuku and Ginza. **④** I would like to make a reservation. **⑤** Where are you going, sir? **⑥** Is there a nonstop flight to New York from Seattle? **⑦** When would you like to depart? **⑧** This Saturday, please. It will be a one-way trip.

17

공항 및 기내에서

통로 쪽 좌석으로 부탁드려요.

1. 탑승수속을 할 때

서울행 비행기 체크인하러 왔습니다.	**I'm here to check in for my flight to Seoul.**
체크인 좀 하려고요.	I need to check in.
서울행 아시아나 1132 항공편입니다.	Asiana Flight 1132 to Seoul, please.
부칠 가방이 2개 있습니다.	I have two suitcases to check in.
이것을 기내로 가지고 갈 수 있나요?	Can I take this on the plane?
가능하면 통로 쪽 좌석으로 부탁드려요.	**I would prefer an aisle seat if possible.**
창가 쪽 자리로 바꿀 수 있을까요?	Could I change my seat to a window seat?
이 비행기에서 좌석 등급을 올릴 수 있을까요?	Would it be possible to get an upgrade on this flight?

2. 기내에서

제 자리는 어디지요?	**Where's my seat?**
(승무원에게) 죄송하지만 자리 좀 바꿔 주실 수 있을까요?	Excuse me, but would it be possible to change seats?
제 동료 옆에 앉을 수 있게 저랑 자리 좀 바꿔 주시겠습니까?	Would you mind trading seats with me so I can sit by my colleague?
저희가 같이 앉아도 될까요?	Can we sit together?
마실 것 좀 주시겠습니까?	**Can I have something to drink?**
물 좀 주세요.	I'd like some water, please.
저는 치킨으로 주세요.	I will have chicken, please.
어떤 맥주가 있습니까?	What beers do you have?
채식주의 식단으로 부탁해요.	I'd like to request a vegetarian meal.
헤드폰 좀 새 것으로 주시겠습니까?	**Could I have a new pair of headphones, please?**
헤드폰을 새로 주시겠습니까? 제 것이 작동이 안 됩니다.	May I get a new pair of headphones? Mine are not working.

추워서 그러는데 담요 한 장 더 주실래요?	It's quite cold here. Can I get an extra blanket?
세관 신고서를 주시겠습니까?	Could you give me the customs declaration card?

3. 입국심사 받고 공항을 나갈 때

일주일간 메리어트 호텔에 머물 예정입니다.	I'm staying for a week at the Marriot Hotel.
출장으로 왔습니다.	I'm here on business.
출장차 2주간 있을 것입니다.	I'll be here on business for two weeks.
2주 동안 머무를 예정입니다.	I will be here for two weeks.
신고할 물품이 없습니다.	I have nothing to declare.
신고할 물품이 있습니다.	I have goods to declare.
기내 갖고 탄 가방이 전부입니다.	The carry-on is all I have.
공항 셔틀버스를 타려면 어디로 가야 하나요?	Where should I go to take the airport shuttle bus?
환전은 어디에서 할 수 있나요?	Where can I exchange some money?
택시는 어디서 잡을 수 있나요?	Where can I grab a cab?
공항 셔틀버스 정거장이 어디에 있죠?	Where is the airport shuttle stop?

앞에서 배운 패턴과 표현을 활용해 다음 대화를 영어로 완성해 보세요.

공항에서 ✈️

Helen
서울행 비행기 체크인하러 왔습니다.
❶ _____

Staff
여권과 전자티켓을 주시겠어요?
❷ _____

Helen
여기 있습니다. 가능하면 통로 쪽 좌석으로 부탁드려요.
❸ _____

입국심사 🛂

Officer
어디에서 머무를 예정인가요? 그리고 얼마나요?
❹ _____

Helen
일주일간 메리어트 호텔에 머물 예정입니다.
❺ _____

Officer
신고 물품이 있습니까?
❻ _____

Helen
신고할 물품이 없습니다.
❼ _____

모범 영작 ❶ I'm here to check in for my flight to Seoul. ❷ May I have your passport and e-ticket? ❸ Here you go. I would prefer an aisle seat if possible. ❹ Where are you staying? And for how long? ❺ I'm staying for a week at the Marriot Hotel. ❻ Anything to declare? ❼ No, I have nothing to declare.

18

숙소 체크인하고 길 찾기

룸서비스를 받을 수 있을까요?

1. 숙소에서 체크인할 때

조장수라는 이름으로 예약이 되어 있습니다.
I have a reservation for Jang-soo Cho.

제 이름으로 예약이 되어 있습니다.
I have a reservation under my name.

3일간 머무를 예정입니다.
I'll be here for 3 days.

제 방으로 룸서비스를 받을 수 있을까요?
Could I get room service delivered to my suite?

제 짐을 방으로 가져다 주시겠습니까?
Would you please take my luggage to my room?

2201호 세탁 서비스를 요청하려고 합니다.
I'd like to request laundry service for room 2201.

이 셔츠 좀 다림질해 주세요.
I need this shirt ironed.

오전 6시 30분 모닝콜 부탁합니다.
I need a wake-up call at 6:30 a.m., please.

제 방에 수건 좀 더 주시겠어요?
Can I have extra towels in my rooms?

105호 체크아웃 부탁합니다.
Checking out, room 105, please.

체크아웃은 몇 시죠?
What time is check-out?

신용카드로 결제해도 되나요?
Can I pay by credit card, please?

공항행 셔틀 버스를 탈 수 있나요?
Can I take a shuttle bus to the airport?

2. 숙소에서 불편사항을 알릴 때

302호 시설에 문제가 있습니다.
I need to report a maintenance issue in room 302, please.

여기 문제가 있는 것 같습니다.
There seems to be some problem here.

가능한 빨리 누구 좀 보내주시겠어요?
Can you send someone as soon as possible?

문이 안에서 잠겼어요.
I'm locked out.

302호 세면대에서 물이 샙니다.	I have a leaky sink in room 302.
욕실 세면대가 막혔어요.	The bathroom sink is clogged up.
불이 들어오지 않습니다.	The light is not working.
뜨거운 물이 안 나와요.	The hot water isn't running.
방이 너무 추워요.	This room is too cold.
방이 너무 더워요.	This room is too boiling hot.
히터가/에어컨이 작동이 안 되는 것 같아요.	The heater/AC doesn't seem to be working here.

3. 길을 찾을 때

이 지역의 지도를 어디서 구할 수 있을까요?	Where can I find a map of the area?
사무실까지 찾아가는 법을 알려주시겠어요?	Can I get directions to your office, please?
실례합니다. 엑스포센터를 찾고 있는데요. 여기로 가면 되나요?	Sorry to trouble you. I'm looking for the Expo Center. Is this the right way?
실례지만 약도를 좀 그려 주시겠어요?	I'm sorry, but could you draw a map for me?
저도 여기는 처음입니다.	I'm a stranger here myself.
여기가 어디지요?	Where am I?
	= Where are we?
저도 방문 중이어서 길을 잘 모릅니다.	I'm just visiting as well. I don't know the way.

4. 교통수단을 이용할 때

가장 가까운 지하철역이 어디죠?	Where's the nearest subway station?
요금이 얼마죠?	How much is the fare?
월스트리트에 가려면 어디서 내려야 하나요?	Where should I get off to go to Wall Street?
포시즌 호텔로 가려면 몇 번 출구로 나가야 하나요?	Which exit should I get out of to get to the Four Seasons Hotel?
지하철표를 어디에서 사지요?	Where do we buy tickets for the subway?
교통카드 좀 주세요.	Can I have a transit card?

샌프란시스코 가는 버스표 좀 주세요.	I need a ticket for a bus to San Francisco.
샌프란시스코행 버스는 어디서 타지요?	Where do I take a bus to San Francisco?
(버스기사에게) 실례합니다. 이 버스는 공항에 갑니까?	Excuse me. Do you go to the airport?
다음은 무슨 역이죠?	What is the next stop?

앞에서 배운 패턴과 표현을 활용해 다음 대화를 영어로 완성해 보세요.

호텔에서 🏨

Helen
제 이름으로 예약이 되어 있습니다. 여기 제 여권입니다.
❶ ....

Hotel Staff
네, 감사합니다. 여기 302호 카드키입니다.
❷ ....

Helen
내일 아침 제 방으로 룸서비스를 받을 수 있을까요?
❸ ....

호텔에서 🏨

Helen
302호 시설에 문제가 있습니다.
❹ ....

Hotel Staff
죄송합니다. 어떤 문제이신지요?
❺ ....

Helen
세면대에서 물이 샙니다.
❻ ....

길을 찾을 때 🗺️

Passerby
이 지역의 지도를 어디서 구할 수 있을까요?
❼ ....

Helen
미안해요, 잘 모르겠어요. 저도 여기는 처음이어서요.
❽ ....

모범 영작 ❶ I have a reservation under my name. Here is my passport. ❷ Thank you. Here is the card key to Room 302. ❸ Could I get room service delivered to my suite tomorrow morning? ❹ I need to report a maintenance issue in room 302, please. ❺ I'm sorry to hear that. What is the problem? ❻ I have a leaky sink. ❼ Where can I find a map of the area? ❽ Sorry, I don't know. I'm a stranger here myself.

19 맛집 즐기고 쇼핑하기

메뉴 좀 볼 수 있을까요?

1. 식당을 예약할 때

좋은 레스토랑 좀 추천해 주시겠어요?	Can you recommend a nice restaurant?
이 근처에 조용하고 괜찮은 식당 좀 추천해 주시겠어요?	Could you recommend a good, quiet restaurant around this area?
정말 좋은 이태리 레스토랑을 찾고 있어요.	We're looking for a really good Italian restaurant.
괜찮은 이태리 식당을 아시나요?	Do you know any good Italian restaurants?
저녁 식사 하려면 예약해야 되나요?	Do I need to make a reservation for dinner?
오늘 저녁 예약 가능한가요?	Can I make a reservation for tonight?
오늘 저녁 7시로 3명 예약해 주세요.	I would like to make a reservation for three for 7 o'clock tonight.
예약을 취소하고 싶습니다.	I would like to cancel my reservation, please.
창가 쪽 자리로 좀 주시겠어요?	Could we have a table by the window?
전망 좋은 자리가 있나요?	Is there a table with a view?
금연석으로 해 주세요.	I want a table in the non-smoking section.
15명이 앉을 만한 넓은 자리가 있나요?	Is there a table big enough for 15 people?
저쪽 테이블로 옮길 수 있을까요?	Could we move to that table over there?
2명이 더 올 겁니다.	I'm expecting two more people.

2. 음식을 주문할 때

지금 메뉴 좀 볼 수 있을까요?	Could I have a menu now?
지금 주문해도 될까요?	Can we order now?
오늘의 특별 요리는 뭔가요?	What's today's special?

여기는 뭘 잘하나요?	What's good here?
저는 토마토 스파게티로 할게요.	I'll have the tomato spaghetti.
안심 스테이크 주세요.	I'll take the filet mignon.
안심 스테이크 주세요. 미디엄 레어로요.	I'd like the filet mignon. Medium rare, please.
스테이크를 미디엄으로 주세요.	I'd like my steak medium, please.

3. 쇼핑할 때

이걸로 파란색 있나요?	Do you have this in blue?
다른 것 있나요?	Do you have any others?
기념품이 있나요?	Do you sell souvenirs?
이거 얼마예요?	How much is this?

그냥 둘러보고 있습니다.	I'm just looking.
마음에 드는 게 없네요.	I don't see anything I like.
좀 더 둘러볼게요.	I'll take another look around.

이거 계산해 주세요.	I'd like to pay for this.
이걸로 할게요.	I'll take this one.
이거 계산 좀 해주실래요?	Could you ring this up?

카드로 계산할게요.	I'll pay by credit card.
현금으로 계산할게요.	I'll pay by cash.
할부로 구입할 수 있나요?	Can I pay in installments?
3개월 할부로 구입할 수 있나요?	Can I pay on a 3-month installment plan?

미션 19 : 맛집 즐기고 쇼핑하기

앞에서 배운 패턴과 표현을 활용해 다음 대화를 영어로 완성해 보세요.

레스토랑에서

Helen
창가 쪽 자리로 좀 주시겠어요?
❶

Waiter
물론이죠. 이쪽으로 오세요.
❷

Helen
지금 메뉴 좀 볼 수 있을까요?
❸

Waiter
메뉴는 테이블에 놓여 있습니다.
❹

쇼핑할 때

Helen
이거 얼마예요?
❺

Clerk
19.90달러입니다.
❻

Helen
이걸로 파란색 있나요?
❼

Clerk
죄송합니다만, 이것은 빨간색만 나와요.
❽

모범 영작 ❶ Could we have a table by the window? ❷ Sure. This way, please. ❸ Could I have a menu now? ❹ It's placed on the table. ❺ How much is this? ❻ It's $19.90. ❼ Do you have this in blue? ❽ I am sorry, but this only comes in red.

73

20

회의는 매우 생산적이었습니다.

1. 업무에 복귀할 때

홍콩에서 돌아왔습니다.

I'm back from Hong Kong.

출장에서 방금 돌아왔습니다.

I just got back from a business trip.

업무에 복귀했습니다.

I'm back to work.

다시 일을 해야지요!

Back to work!

드디어 돌아왔습니다.

I'm finally back.

할 일이 산더미군요.

I've got so much work piled up.

지금 (일이 많아서) 정신이 없네요.

I'm swamped right now.

업무가 많이 밀렸어요.

I have a lot of catching up to do.

(여러분에게 줄) 기념품을 사왔어요.

I brought everyone some souvenirs.

작은 선물을 사왔어요.

I brought you a little something.

여행 중에 여러분 모두를 위해 기념품을 사왔어요.

I got you all some trinkets on my trip.

2. 출장 보고를 할 때

지출보고서에 교통비는 어떻게 청구하지요?

How do I claim transportation fees on my expense report?

입출금 내역서에서 교통비는 어디에 넣을까요?

Where do I report transportation fees on the statement?

출장 중 발생한 경비는 누구에게 보고하나요?

To whom do I report all my expenses incurred during the trip?

회의는 매우 생산적이었습니다.

The conference was extremely productive.

무역박람회는 성공적이었습니다.

The trade show was a success.

회의는 대단히 좋았어요.

The meetings couldn't have gone better.

결과가 만족스럽지 않습니다.

We are not happy with the results.

회의가 잘 되지 않았습니다.

The conference didn't go very well.

무역박람회가 실패했어요.

The trade show was unsuccessful.

선물 정말 고맙습니다.

Thank you very much for your present.

근사한 저녁 식사 정말 감사했습니다.

Thank you very much for the nice dinner.

환대해 주셔서 감사합니다.

Thank you for your hospitality.

환대에 감사합니다.

I appreciate your hospitality.

걱정해 주셔서 고맙습니다.

Thank you for your concern.

여러 모로 감사합니다.

Thank you for everything.

모든 것에 감사드려요.

Thank you for all you've done.

친절히 도와주셔서 얼마나 감사한지 몰라요.

I can never thank you enough for your kind help.

다음에는 한국에서 뵙기를 고대합니다.

We look forward to seeing you in Korea next time.

한국에 오시면 제가 기꺼이 구경시켜 드리겠습니다.

When you come to Korea, I will be happy to take you out.

김 과장님께서 안부 전하십니다.

Mr. Kim gives his regard to you.

프로젝트 세부사항을 모두 저에게 계속 알려 주시기 바랍니다.

Please keep me posted with all the project details.

앞에서 배운 패턴과 표현을 활용해 다음 대화를 영어로 완성해 보세요.

James 안녕하세요? 저 홍콩에서 방금 돌아왔습니다.

❶ _____

여러분에게 줄 기념품을 사왔어요.

❷ _____

Emily 안녕, 제임스. 고마워요. 오랜만이에요.

❸ _____

James 그러게요. 할 일이 산더미네요.

❹ _____

Emily 회의는 어땠어요?

❺ _____

James 회의는 매우 생산적이었어요.

❻ _____

주요 사안은 모두 전달되었습니다.

❼ _____

아, 그런데 비용청구서에 교통비는 어떻게 청구해야 할까요?

❽ _____

모범 영작 ❶ Hello. I'm just back from Hong Kong. ❷ I brought everyone some souvenirs. ❸ Hi, James. Thank you. Long time no see. ❹ That's right. I've got so much work piled up. ❺ How was the conference? ❻ The conference was extremely productive. ❼ All the important points were delivered. ❽ By the way, how do I claim transportation fees on my expense report?

21

제 직장동료인 스캇 휴즈 씨를 소개해 드리죠.

1. 인사를 나눌 때

제 직장동료인 스캇 휴즈 씨를 소개해 드리죠.	I'd like you to meet my coworker, Scott Hughes.
제시 씨한테서 말씀 많이 들었습니다.	Jesse has told me so much about you.
드디어 직접 뵙는군요.	So we finally meet face-to-face.
오래 전부터 만나 뵙고 싶었습니다.	I've been wanting to meet you for a long time.
아니, 이게 누구야!	Look who's here!
여기서 만날 줄이야!	What a surprise to meet you here!
어떻게 지내셨어요?	What have you been up to?
여긴 어쩐 일이세요?	What brings you here?
가족들은 잘 있죠?	How's your family?
부인도 잘 계시죠?	What about your lovely wife?
애들은요?	How are your kids?
가족들에게 안부 좀 전해주세요.	Say hello to your family for me.

2. Small Talk를 나눌 때

그런데요, 오늘 제이슨 씨가 안 나온다고 하네요.	By the way, I heard Jason is not in today.
그런데요, 기상예보를 들었는데 비가 엄청 퍼부을 거래요.	By the way, I heard from the weather forecast that it's going to rain cats and dogs.
아, 그런데요, 일기예보에서 그러는데 오늘 날씨가 푹푹 찔 거라고 하네요.	By the way, I heard from the weather forecast that it's going to be boiling hot today.
아, 그런데요, XP가 First Star 사와 합병했다고 하네요.	By the way, I heard XP merged with First Star Corporation.
지난 번 발표가 아주 인상적이었어요.	Your last presentation was quite impressive.
정말 잘하셨어요!	You've done well!

77

어떻게 그렇게 영어를 잘하세요? How come you speak such good English?

3. 축하 및 조의를 표할 때

축하드려요! **Congratulations!**

잘하셨어요! Well done!

정말 자랑스럽군요. I'm very proud of you.

앞으로 더욱 승승장구하시길 바랄게요! My best wishes to you for a bright future!

상심이 크시겠어요. **I'm so sorry for your loss.**

심심한 조의를 표합니다. Please accept my sincere condolences.

조의를 표합니다. You have my deepest sympathy.

마음을 함께합니다. My heart goes out to you.

가족들이 많이 힘드시겠어요. I know this is a very hard time for your family.

생일 축하해요! **Happy Birthday!**

선물이에요. This is for you.

별거 아니지만, 마음에 들었으면 좋겠네요. It isn't much, but I hope you like it.

마음에 든다니 기쁘네요. I'm glad you like it.

새해 모든 일이 잘 이루어지길 빌게요! **Wish you all the best for the New Year!**

새해 복 많이 받으세요! Happy new year!

모든 소망이 이루어지길! May all your wishes come true!

더 나은 한 해가 되시길! Hope you'll have a better year!

모든 일이 잘 이루어지길 빌게요. I hope everything will be all right.

4. 사과를 할 때

제 사과를 받아 주세요. **Please accept my apologies.**

다음엔 더 주의하도록 하겠습니다. I'll be more careful next time.

그런 말은 하는 게 아니었어요. I shouldn't have said that.

그럴 의도는 없었습니다. I didn't mean to do that.

그거 미안했어요. I'm sorry about that.

마음 쓰지 말아요.	I accept your apology.
일부러 그런 것도 아니었잖아요.	You couldn't help it.
마음에 담아두지 않을게요.	I won't hold it against you.
다시는 그러지 마세요.	Don't let it happen again.

앞에서 배운 패턴과 표현을 활용해 다음 대화를 영어로 완성해 보세요.

Jim
여기서 만날 줄이야!
❶ _____

Helen
어, 안녕하세요, 짐. 어떻게 지내셨어요?
❷ _____

Jim
잘 지냈어요. 여긴 어쩐 일이세요?
❸ _____

Helen
김 차장님 만나러 왔어요.
❹ _____

Jim
가족들은 잘 있어요? 가족들에게 안부 좀 전해주세요.
❺ _____

Helen
잘 지내죠. 음, 저 가봐야 해요. 새해 복 많이 받으세요!
❻ _____

Jim
더 나은 한 해가 되길!
❼ _____

모범 영작 ❶ What a surprise to meet you here! ❷ Oh, hi, Jim. How have you been? ❸ I've been alright. What brings you here? ❹ I am here to meet Mr. Kim. ❺ How's your family? Say hello to your family for me. ❻ They are great. Well, I've gotta go. Happy new year! ❼ Hope you'll have a better year!

22 업무에 관해 대화 나누기

보고서는 끝냈나요?

1. 업무에 관해 문의할 때

드릴 말씀이 있는데요.	**May I have a word with you?**
드릴 말씀이 있어요.	I have something to tell you.
얘기 좀 했으면 합니다.	I would like to have a word with you.
할 말이 있습니다.	There is something I need to say to you.
할 말이 있어요.	A word with you.
지금 얘기 좀 할 수 있을까요?	Can I talk to you now, please?
얘기 좀 할까요?	Could we talk?
서류 작성하는 것 좀 도와주시면 안 될까요?	**Would you mind helping me with the paperwork?**
저 대신 처리 좀 해 주시겠어요?	Could you fill in for me?
오늘 퇴근 전까지 보고서 제출해 주세요.	Turn in the report before you leave today.
오늘 퇴근 전까지 보고서를 끝내세요.	Finish the report by COB today.

2. 업무 진행 상황을 보고할 때

그거 끝냈나요?	**Did you get it done?**
보고서는 어떻게 돼 가나요?	How's your report coming along?
다시 확인해 주시겠어요?	Would you double-check it?
이 보고서가 언제까지 필요하세요?	When do you need the report by?
반 정도 했습니다.	**We've done about half of it.**
	= About half of it.
	= We are halfway there.
	= It's about halfway done.
25% 정도 했습니다.	We are about 25% done.
	= We've done about a quarter of it.
수요일까지 끝내겠습니다.	**It will be done by Wednesday.**
이 보고서를 금요일까지는 끝내겠습니다.	I will be done with this report by Friday.

내일까지 이 보고서를 마치겠습니다.	I will have this report done by tomorrow.
수요일까지요.	By Wednesday.
목요일까지 꼭 완성되도록 하겠습니다.	I'll make sure it will be done by Thursday.

3. 출퇴근 관련해서 문의할 때

조퇴해도 될까요?	Do you mind if I take off early?
오늘 조퇴해도 될까요?	May I leave early today?
조퇴해도 될까요?	May I take the rest of the day off?
이번에 연차/월차를 쓰겠습니다.	I'll take my annual/monthly leave this time.
일찍 퇴근해야 할 것 같아요.	I think I need to go home early.
오늘 저녁에 좀 일찍 가 봐야 합니다.	I've got to go a bit early tonight.
그만 퇴근하죠.	Let's wrap it up here.
그만 퇴근하죠.	Let's call it a day.
벌써 퇴근해요?	You're leaving already?
먼저 퇴근합니다.	I will leave first.
저는 지금 퇴근 못 해요.	I can't take off now.
아직 할 일이 있어요.	I still have some work to do.
그건 내일 하겠습니다.	I will catch up on it tomorrow.

앞에서 배운 패턴과 표현을 활용해 다음 대화를 영어로 완성해 보세요.

Helen
드릴 말씀이 있어요.
①

Mike
네. 무슨 일이지요?
②

Helen
서류 작성하는 것 좀 도와주시면 안 될까요?
③

Mike
문제 없어요.
④

보고서는 끝냈나요?
⑤

Helen
반 정도 했습니다. 수요일까지 끝내겠습니다.
⑥

Mike
그만 퇴근하죠.
⑦

모범 영작 **①** I have something to tell you. **②** Sure. What is it? **③** Would you mind helping me with the paperwork? **④** No problem. **⑤** Did you get the report done? **⑥** We've done about half of it. It will be done by Wednesday. **⑦** Let's wrap it up here.

23

거래처 방문하기

에반스 씨를 뵙기로 했는데요.

1. 약속을 잡거나 변경할 때

언제가 좋으세요?	When is a good time for you?
언제 만날까요?	When shall we meet?
제가 언제 방문하면 좋을까요?	When would be a good time for me to come over?
어디서 만날까요?	Where shall we meet?
죄송하지만 회의를 취소해야 할 것 같습니다.	I'm afraid I have to cancel our meeting.
화요일 회의를 연기해 주실 수 있을까 해서요.	I'm wondering if you could postpone our meeting on Tuesday.
회의를 다음 주 월요일로 미룰 수 있을까 해서요.	I'm wondering if we could postpone our meeting until next Monday.
이렇게 갑작스럽게 알려드려 죄송합니다.	I'm sorry for such short notice.

2. 거래처를 방문할 때

에반스 씨와 약속이 있어요.	I have an appointment with Mr. Evans.
에반스 씨를 만나러 왔습니다.	I'm here to see Mr. Evans.
에반스 씨에게 제가 왔다고 전해주시겠어요?	Could you please tell Mr. Evans I'm here?
이렇게 먼 길 와 주셔서 감사합니다.	Thank you for travelling such a long distance.
찾아오시는 데 어려움은 없으셨나요?	Did you have any trouble getting here? = Did you have any trouble finding us?
마실 것 좀 드릴까요? 차나 커피 어떠세요?	Can I get you a drink? Some tea or coffee?
뭐 마실 것 좀 드릴까요?	Would you like something to drink?
여기 음료와 다과가 있습니다. 맘껏 드세요.	Here are some drinks and snacks. Help yourself.

외투를 걸어드릴까요?

제가 짐을 들어다 드리지요.

May I take your jacket?

Let me carry the luggage for you.

3. 방문을 마칠 때

어떻게 연락 드리면 될까요?

제 명함을 드릴게요.

여기 제 이메일 주소 드릴게요.

How can I reach you?

Let me give you my business card.

Here's my email address.

죄송하지만 이제 가봐야겠어요.

말씀 나눠서 즐거웠습니다.

만나 뵙게 되어 기뻤습니다.

I'm sorry, but I must go now.

It's been nice talking to you.

It was nice meeting you.

즐거운 시간이었습니다.

시간 내 주셔서 감사합니다.

I had a very good time.

Thanks for your time.

= Thank you for spending time with us.

퇴근 후에 술 한잔 어때요?

How about going for a drink after work?

커피 마실 시간 있어요?

금요일 퇴근 후에 만나요.

오늘 저녁식사를 대접하고 싶은데요.

끝나고 한잔 하러 갈까요?

Do you have time for coffee?

Let's meet on Friday after work.

Can I take you out for dinner tonight?

Why don't we go for a drink afterwards?

저희 끝나고 저녁 먹으러 갈 예정인데 같이 가실래요?

We are planning to go out for dinner tonight. Would you like to join us?

앞에서 배운 패턴과 표현을 활용해 다음 대화를 영어로 완성해 보세요.

전화로 약속시간을 미룰 때

Anna

미팅을 다음 주 월요일로 미룰 수 있을까 해서요.

① _____

너무 갑작스럽게 알려드려 죄송합니다.

② _____

Evans

괜찮습니다. 그날 같은 시간 제 사무실에서 뵙죠.

③ _____

상대방 회사를 방문할 때

Anna

에반스 씨를 만나러 왔습니다.

④ _____

Evans

찾아오시는 데 어려움은 없으셨나요?

⑤ _____

Anna

아니요, 전혀요. 약도가 도움이 되었습니다.

⑥ _____

Evans

마실 것 좀 드릴까요? 차나 커피 어떠세요?

⑦ _____

모범 영작 ❶ I'm wondering if we could postpone our meeting until next Monday. ❷ I'm sorry for such short notice. ❸ No problem. See you in my office at the same time then. ❹ I'm here to see Mr. Evans. ❺ Did you have any trouble getting here? ❻ No, not at all. The directions helped me. ❼ Can I get you a drink? Some tea or coffee?

24

접대 및 회식하기

이곳은 아주 전통적인 한식당이지요.

1. 식당 소개하고 주문할 때

여기는 아주 전통적인 한식당이지요.
This is a very traditional Korean restaurant.

여기는 아주 유명한 식당이지요.
This is a very famous restaurant.

이 식당은 항상 사람들로 붐벼요. 우리 자리를 예약해 두길 잘했군요.
This restaurant is always jammed with people. Glad we reserved our table.

여기는 서울에 있는 최고 한식당 중 한 곳입니다.
This is one of the best Korean restaurants in Seoul.

여기는 신선한 음식을 제공하지요.
They serve fresh food.

여기는 최고의 스테이크를 제공합니다.
They serve the finest steak.

이곳은 연어 요리로 굉장히 유명합니다.
This place is very famous for salmon dishes.

이것은 '불고기'라고 합니다.
This is called bulgogi.

뭔가 주문하셨는지요?
Did you order something?

벌써 주문하셨습니까?
Have you ordered already?

뭘 주문할까요?
What should we order?

뭘 마실래요?
What would you like to drink?

2. 건배하고 주량을 물을 때

건배합시다!
Let's have a toast!

건배!
Cheers!

뭘 위해 건배할까요?
What shall we drink to?

건강을 위하여!
To our health!

우리 사업의 번창을 위하여!
Here's to the prosperity of our business!

원샷!
Bottoms up!

주량이 어느 정도 되시나요?
How much do you usually drink?

저는 술을 잘 못 마십니다.
I'm a light drinker.

저는 술을 보통으로 마십니다.
I'm a moderate drinker.

술을 잘하시는군요.	You're a heavy drinker.
저는 술을 마셔도 잘 안 취합니다.	I can hold my liquor well.
제가 술을 좀 과하게 마시는 편이죠.	I probably drink more than I should.

술 취하셨군요.	You are drunk.
많이 드신 것 같아요.	I think you've had enough.
술을 너무 많이 마셔서 필름이 끊겼어요.	I drank so much I passed out.

3. 2차 하고 회식을 마무리할 때

한 잔 더 하러 갑시다.	Let's go have another round.
다른 술집으로 옮길까요?	Shall we hop to another bar?
다른 곳으로 2차 갈까요?	Shall we go bar hopping to a different place?

| 이곳은 제 단골집입니다. | This is my favorite hang-out. |

한 잔 더 드시겠어요?	Would you care for one more drink?
저는 그만 마시겠습니다.	That's enough for me.
저는 약간 취했습니다.	I got tipsy.

즐거운 시간 보냈어요?	Did you have a good time?
정말 좋았습니다.	It's been great to be here.
파티가 정말 즐거웠습니다.	I really enjoyed your party.
대리 운전기사를 부를 거예요.	I will call a designated driver.
운전 조심해 가세요!	Drive carefully!

앞에서 배운 패턴과 표현을 활용해 다음 대화를 영어로 완성해 보세요.

Han
벌써 주문하셨습니까?
❶ _____

Mike
아니요, 아직입니다. 저도 방금 도착했어요.
❷ _____

Han
여기는 서울에 있는 최고 한식당 중 한 곳입니다.
❸ _____

Mike
그것 좋군요.
❹ _____

Han
주량이 어느 정도 되시나요?
❺ _____

Mike
저는 술을 좀 과하게 마시는 편이죠.
❻ _____

Han
하하. 저랑 같네요. 건배하시죠!
❼ _____

Mike
우리 사업의 번창을 위하여!
❽ _____

모범 영작 ❶ Have you ordered already? ❷ No, not yet. I've just arrived. ❸ This is one of the best Korean restaurants in Seoul. ❹ That's great. ❺ How much do you usually drink? ❻ I probably drink more than I should. ❼ Haha. That makes two of us. Let's have a toast! ❽ Here's to the prosperity of our business!

25

한국은 4계절이 뚜렷합니다.

1. 음식을 소개할 때

이거 드셔보신 적 있나요?

전에 김치를 드셔보신 적 있나요?

한국 전통주를 드셔보신 적 있으신가요?

전에 이 식당에 와 보신 적 있으십니까? 이곳은 신선한 생선으로 무척 유명하지요.

이건 불고기예요. 한국식 볶은 쇠고기이지요.

비빔밥이에요. '비빔'은 '섞다'라는 뜻이고 '밥'은 rice이지요. 몸에 좋은 야채, 고기, 그리고 계란이 들어 있어요. 이 고추장과 함께 잘 섞으세요.

이건 구절판이에요. 같이 나온 반찬을 이 얇은 밀가루전에 마세요. 작은 부리토와 같지요.

'파전'이라고 합니다. 한국식 팬케이크나 피자라고 할 수 있겠네요. 파와 다른 야채, 해산물이 들어가죠.

한국 젓가락은 쇠로 만들어졌어요. 이렇게 잡는 겁니다.

식탁에 석쇠가 붙어 있어서 여기서 우리가 직접 고기를 굽지요.

찌개를 식탁 위에서 요리하고 뜨거울 때 먹지요.

이 접시는 금 무늬가 있어서 특별합니다.

Have you tried it before?

Have you eaten kimchi before?

Have you tried traditional Korean liquor?

Have you been to this restaurant before? It's very famous for fresh fish.

It's bulgogi. It's Korean-style stir-fried beef.

It's bibimbap. "bibim" means "mix," and "bap" means "rice." It has healthy vegetables, some meat, and an egg. Mix it well with this hot pepper paste.

This is Gujeolpan. You wrap those side dishes with this thin flour pancake. It's like a small burrito.

It's called "pajeon," which is a Korean-style pancake or pizza, I should say, that contains green onion and other vegetables and some seafood.

Korean chopsticks are made of steel. Here's how you hold them.

There is a grill attached to the table, and we grill the meat ourselves here.

We cook the stew on the table here and serve it hot.

These are special plates with gold patterns.

현대적인 쇼핑장소와 전통적인 관광명소 중 어느 것을 선호하세요?에반스 씨를 만나러 왔습니다.

Which do you prefer, modern shopping areas or traditional tourist attractions?

붐비는 쇼핑장소와 조용한 공원 중 어디를 선호하세요?

Which do you prefer, a busy shopping area or a quiet park?

서울대공원을 방문하는 것과 북한산을 등산하는 것 중 어떤 것이 더 좋아요?

Which do you like better, visiting Seoul Grand Park or hiking Bukhansan Mountain?

남산과 동대문시장 중 어디에 가고 싶으세요?

Where would you like to go, Namsan Mountain or Dongdaemoon Market?

먼저 창덕궁으로 안내해서 한국의 전통적인 건축물을 보여드리지요.

I will take you first to Changdeokgung Palace to show you some traditional Korean architecture.

먼저 수원에 있는 유명한 온천으로 안내할게요.

I will take you to the famous hot spring in Suwon first.

먼저 경복궁을 안내해 드리고 그 다음에는 도산공원을 안내해 드리지요.

Let me guide you to Gyeongbokgung Palace first followed by Dosan Park.

한국에서 가장 높은 산은 백두산입니다.

The tallest mountain in Korea is Baekdusan Mountain.

두 번째로 높은 산은 한라산입니다.

The second tallest mountain is Hallasan Mountain.

한국에는 한강, 낙동강을 포함해서 강이 참 많아요.

There are many rivers in Korea including the Hangang River and Nakdonggang River.

남한의 전체 면적의 70%를 산이 차지하고 있습니다.

Mountains occupy up to 70% of the total area of South Korea.

한국은 4계절이 뚜렷한 역동적인 날씨를 보입니다.

Korea has dynamic weather with four distinct seasons.

한국은 여름에 장마철 기후를 보입니다.

Korea has a monsoon climate in summer.

한국의 겨울은 매우 건조하고 추워요.

Korea has a very dry cold winter.

한반도는 북위 33도와 43도 사이에 위치하고 있어요.

The Korean peninsula is located between 33 degrees and 43 degrees of the northern latitude.

북한과 남한을 합친 한국의 인구는 약 7~8 천만 명 사이입니다.

The population of Korea, North and South combined, is around 70~80 million.

남한의 총 인구는 약 5100만 명입니다.

The total population of South Korea is about 51 million.

천만 명 정도의 사람들이 서울에 살고 있는데, 이것은 인구의 약 20퍼센트이지요.

About 10 million people live in Seoul, which is roughly 20% of the population.

한국은 매우 경쟁이 심한 사회로 알려져 있습니다.

Korea is known to be a very competitive society.

한국은 '한강의 기적'으로 잘 알려져 있지요.

Korea is known to be "a miracle of the Han river."

한국은 자살률이 높은 것으로 알려져 있습니다.

Korea is known to have a very high suicide rate.

한국은 OECD 국가 중 근무시간이 가장 긴 것으로 알려져 있지요.

Korea is known for being the OECD country with the longest working hours.

앞에서 배운 패턴과 표현을 활용해 다음 대화를 영어로 완성해 보세요.

Han 전에 이거 드셔보신 적 있나요?
❶ ....

David 그런 것 같긴 한데, 제가 먹어본 것이랑 같은 것인지는 잘 모르겠네요.
❷ ....

Han 이건 불고기예요. 한국식 볶은 쇠고기이지요.
❸ ....

식탁에 석쇠가 붙어 있어서 여기서 우리가 직접 고기를 굽지요.
❹ ....

David 매우 맛있네요.
❺ ....

Han 먼저 창덕궁으로 안내해서 한국의 전통적인 건축물을 보여드릴게요.
❻ ....

David 한국에는 산이 참 많네요.
❼ ....

Han 네. 남한의 전체 면적의 70%를 산이 차지하고 있어요. 한국에서 가장 높은 산은 백두산이지요.
❽ ....

모범 영작 ❶ Have you tried it before? ❷ I think I have, but I'm not sure if it's the same thing I had. ❸ It's bulgogi. It's Korean-style stir-fried beef. ❹ There is a grill attached to the table, and we grill the meat ourselves here. ❺ This is very good. ❻ I will take you first to Changdeokgung Palace to show you some traditional Korean architecture. ❼ There are many mountains in Korea. ❽ Yes. Mountains occupy up to 70% of the total area of South Korea. The tallest mountain in Korea is Baekdusan Mountain.

어학연수 현지회화
무작정 따라하기

여권 없이 떠나는 미국 어학연수!

미국 20대들의 대화를 그대로 옮긴 대화문으로 **생생한 표현**을 익히고,
200여 컷의 현지 사진으로 **미국의 다양한 모습과 문화**를 체험한다!

난이도	첫걸음 | 초급 | **중급** | 고급
대상	기본기를 바탕으로 중급 수준으로 도약하고 싶은 독자

기간	51일
목표	미국 20대가 쓰는 표현으로 원어민처럼 자연스럽게 말하기